CET AGENDA APPARTIENT À

Une année avec la LUNE 2023

votre bien-être au fil des cycles lunaires

CÉLESTE GUSTIN

mercileslivres

Cet agenda lunaire vous accompagnera durant 16 mois en fonction du cycle mensuel de la Lune, mais aussi en fonction des différentes saisons de l'année. Il vous éclairera sur divers éléments en lien avec la Lune ayant trait à l'astrologie et à l'astronomie, au chamanisme, au paganisme, à diverses mythologies et à la spiritualité... Il vous proposera aussi des rituels à réaliser pour chaque Pleine Lune et chaque Nouvelle Lune.

Le but est de pouvoir mieux vous connecter à vous-même et au cosmos, afin de pouvoir tendre au meilleur alignement avec votre spiritualité et votre mission de vie.

COMMENT UTILISER VOTRE AGENDA ?

L'introduction qui suit vous donnera un panorama annuel et complet des différentes Pleines Lunes et Nouvelles Lunes. N'hésitez pas à vous y référer au cours de l'année !

Au fil des pages suivantes, ce livre-agenda vous propose de vivre 16 mois sous le signe de l'astre lunaire. Tout a été conçu pour une utilisation simple au quotidien : outre un accès aisé et visuel aux cycles lunaires, il vous fournit une multitude d'informations et explications.

CHAQUE MOIS, VOUS RETROUVEREZ :

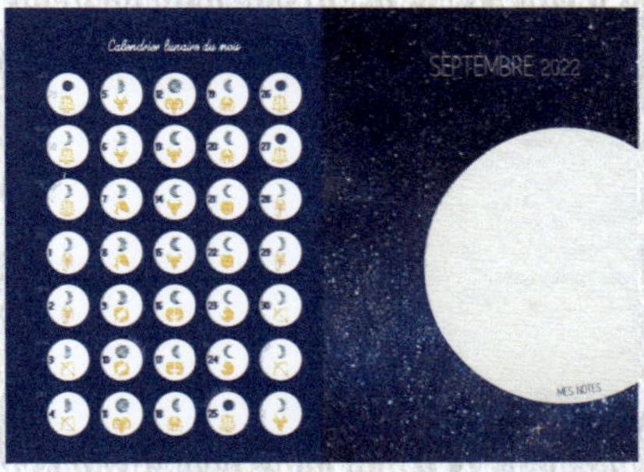

Un planning mensuel **des cycles lunaires et des signes zodiacaux**
Nous y avons également prévu un espace de notes pour y reporter vos événements importants du mois.

Des doubles pages hebdomadaires **avec**

- **une partie planning** où vous pourrez noter vos activités et rendez-vous. Nous y avons reporté les changements de phases lunaires.
- **un texte détaillant les événements lunaires et zodiacaux** de la semaine ;
- **des textes pour découvrir** les principaux enseignements de la Lune, les fêtes, légendes, symboles, pierres de lithothérapie associées...
- **des rituels spécifiquement adaptés aux semaines de Pleine et Nouvelle Lune**, bénéfiques à votre épanouissement personnel.

Nous vous souhaitons une belle année lunaire, pleine d'épanouissement et de bien-être.

À LA DÉCOUVERTE DES CYCLES LUNAIRES

CE QUE LA LUNE NOUS ENSEIGNE...

Depuis des milliers d'années, les hommes sont fascinés par la Lune, satellite naturel de la Terre, et la vénèrent par toutes sortes de rituels. On lui prête notamment de puissants effets sur le sommeil, le cycle menstruel, les émotions, les humeurs... Selon le moment de son cycle, elle influence notre état d'esprit, nos réflexions, notre météo intérieure. Elle nous révèle notre face cachée, les aspects de notre personnalité et les émotions qui se lovent au plus profond de nous.

La Lune suit un cycle d'environ 29 jours et change d'aspect en fonction de sa position par rapport à la Terre et au Soleil.

Lune et Soleil dansent ensemble, nous offrant l'alternance de jours et de nuits de longueurs variables au rythme des saisons. Le cycle lunaire dure 29 jours, la durée d'un mois et d'un cycle menstruel, pendant lequel la Lune fait le tour complet de la Terre. Le cycle solaire est, quant à lui, d'une durée d'une année astronomique, c'est-à-dire 365 jours, 5 heures et 49 minutes : c'est le temps nécessaire à la Terre pour faire le tour du Soleil.

Lorsque la Lune est pleine, le Soleil, la Terre et la Lune sont quasiment alignés ; cette dernière est alors complètement éclairée. La Pleine Lune est propice aux bilans et à l'introspection, idéale pour finaliser des projets ou procéder à une rupture nécessaire, quelle qu'elle soit.

Pleine Lune

Lors de la Nouvelle Lune, l'astre est noir, rendu invisible par sa position entre la Terre et le Soleil. Il détient alors de puissantes énergies créatrices propices au renouveau et au démarrage de nouveaux projets.

Nouvelle Lune

LES 8 PHASES DU CYCLE LUNAIRE

Le cycle de la Lune s'étend sur 29 jours et 12 heures.

La lunaison commence toujours par la Nouvelle Lune. À ce moment-là, la Lune est invisible dans le ciel et débute ainsi la Lune croissante.

On observe tout d'abord le premier croissant, puis le premier quartier, et enfin la gibbeuse croissante. La Lune croissante prend fin au moment où apparaît la Pleine Lune.

Ensuite, la Lune sera décroissante et passera par les phases suivantes : gibbeuse décroissante, dernier quartier et dernier croissant. La Nouvelle Lune suivante arrive ensuite et marque le début de la nouvelle lunaison. Chacune des 8 phases de la Lune dure donc environ 3,5 jours.

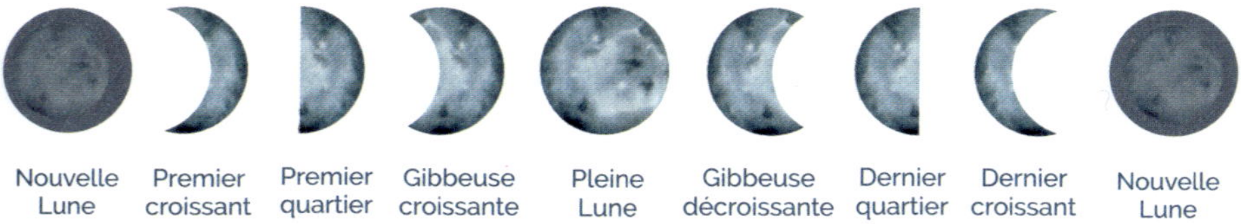

LE CYCLE FÉMININ LUNAIRE

Le cycle féminin dure environ 28 jours, et suit donc le rythme du cycle lunaire ; ils étaient d'ailleurs synchronisés il y a fort longtemps. Miranda Gray, autrice du livre *Lune rouge*, fait le parallèle entre les phases de la Lune et celles du cycle menstruel : le premier jour des règles (également appelées « les lunes ») correspond à la Nouvelle Lune, phase d'introspection et de repos.

La phase préovulatoire est en lien avec la Lune croissante, caractérisée par un regain d'énergie et la joie de vivre. Vient ensuite l'ovulation, reliée à la Pleine Lune, où l'on observe un élan vers les autres. La phase prémenstruelle, connectée à la Lune décroissante, peut occasionner de l'instabilité émotionnelle et des tensions.

LUNE YIN ET SOLEIL YANG

Dans la tradition, on attribue à la Lune un principe féminin, proche du yin chinois. Notre satellite naturel, et le moment durant lequel on le voit le plus, la nuit, sont plutôt axés sur notre intériorité et sur l'introspection : ils nous amènent à nous recentrer à l'intérieur de nous et à regarder qui nous sommes vraiment.

Elle est un symbole de la féminité et est liée à la part féminine qui réside en chacun de nous, quel que soit notre sexe. Elle règne aussi sur les relations mère-fille et sur la maternité. La Lune est particulièrement propice pour travailler les trois chakras supérieurs, en lien avec notre intériorité : gorge, frontal et coronal.

En miroir, nous retrouvons le Soleil, astre auquel on attribue un principe masculin, lié au yang chinois. Notre étoile solaire, et le moment durant lequel on la voit le plus, le jour, nous parlent de la relation que nous avons avec le monde extérieur, que cela soit les humains, les animaux, les plantes, les minéraux, mais aussi tout ce qui là, même si invisible pour nos yeux physiques. Le Soleil, plutôt rationnel et terre-à-terre, les chakras les plus physiques : racine, sacré et solaire.

ASTROLOGIE SOLAIRE ET LUNAIRE

La configuration de carte du ciel au moment de notre naissance permet de déterminer notre signe astrologique solaire, c'est-à-dire la position du Soleil dans l'une des 12 maisons astrologiques.

Pour être complet, notre thème astrologique doit aussi comporter la position de la Lune dans l'une des 12 maisons astrologiques, qui détermine notre **signe lunaire**.

Ce signe fait apparaître d'autres aspects de notre personnalité. Il permet notamment de mettre en lumière ce qui est régi par notre inconscient, et qui influence de façon non négligeable différents aspects de notre vie, nos émotions et nos sentiments les plus profonds.

VŒUX ET RITUELS LUNAIRES

Un rituel est un moment privilégié que l'on s'offre, où l'on prend du temps pour penser à soi et se faire du bien. On y consacrera le temps que l'on estime nécessaire : cela peut être assez rapide comme plus long si besoin. Tout comme la biodynamie (qui prend en compte le cycle lunaire dans le cadre du jardinage) est largement pratiquée depuis plusieurs décennies, la pratique des rituels en lien avec la Lune tend à se répandre. Cela s'explique par l'intérêt grandissant pour la spiritualité, la reconnexion à la nature et le bien-être.

Ces rituels peuvent être très variés : méditation, danse, bain, décoration de son logement en fonction de la saison, réalisation d'une œuvre d'art ou d'un objet d'artisanat, jardinage, immersion dans la nature, cuisine, diffusion d'huiles essentielles, etc.

Il est d'usage de travailler sur le mois à venir avec des rituels,
dans un cycle qui démarre à la Nouvelle Lune
et dont on récoltera les fruits lors de la Pleine Lune qui suit.

LA NOUVELLE LUNE

permet de travailler sur les nouveaux départs.

C'est le moment où l'on visualise nos vœux et projets pour le mois à venir en utilisant notre pensée créatrice.

Le rituel réalisé sera idéalement conceptualisé en rapport avec la Pleine Lune à venir et selon le mois et la saison dans lequel nous nous trouvons.

LA PLEINE LUNE

est le moment de la gratitude et du pardon.

Également appelée « esbat » dans la tradition païenne, elle est dédiée au lâcher-prise et à la libération.

À cette occasion, nous exprimons de la gratitude à la Lune et à l'Univers pour la réalisation de nos vœux et de nos projets. **C'est le moment où l'on remercie**, mais aussi le moment où nous nous pardonnons, où nous pardonnons aux autres et où nous demandons pardon.

L'effet de la Lune, qu'elle soit Nouvelle ou Pleine, se fait sentir durant les 3 jours avant et les 3 après le moment auquel elle se produit. C'est pourquoi les rituels de Nouvelle ou de Pleine Lune pourront s'effectuer durant toute cette période si vous n'êtes pas disponible au moment précis où elles ont lieu.

Lorsque la Lune est au périgée de sa trajectoire, elle est au plus proche de la Terre, et exerce des effets maximaux sur notre planète et ses habitants.

Lorsque ce moment coïncide avec une Pleine Lune, il se produit ce que l'on appelle une « Super Lune », qui aura des effets intenses par rapport à une Pleine Lune qui n'est pas au périgée. Inversement, une Pleine Lune qui se situe au moment précis où la Lune est à l'apogée de sa trajectoire (c'est-à-dire le plus loin possible de la Terre) est qualifiée de **« Micro Lune »**.

LUNDI, LE JOUR DE LA LUNE

À l'époque mésopotamienne, les jours sont nommés d'après les 7 planètes identifiées à ce moment-là, car observables à l'œil nu : la Lune, Mars, Vénus, Jupiter, Vénus, Saturne et le Soleil.

À l'époque romaine, on leur appose le préfixe *dies* signifiant « jour ». « *Dies Lunae* », signifiant « jour de la Lune », devient par la suite lundi en français. Le lundi est ainsi teinté de la vibration particulière de la Lune et, plus encore que les autres jours, nous pousse à exploiter pleinement notre véritable potentiel, à suivre notre intuition et à écouter nos émotions. Il nous donne le ton émotionnel de la semaine à venir.

LA ROUE DE L'ANNÉE

La célébration des sabbats païens

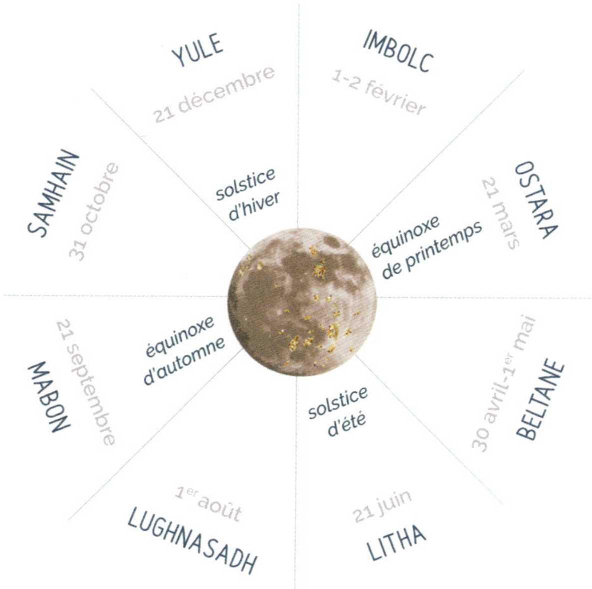

Les 4 sabbats majeurs sont d'anciennes fêtes celtes célébrant les étapes importantes de l'année : **Imbolc**, **Beltane**, **Lughnasadh** et **Samhain**.

Les 4 sabbats mineurs correspondent aux solstices et aux équinoxes : **Ostara** (équinoxe de printemps), **Litha** (solstice d'été), **Mabon** (équinoxe d'automne) et **Yule** (solstice d'hiver).

Tandis que les cycles lunaires se déroulent sur 29 jours et sont rythmés par les Nouvelles et Pleines Lunes, **les sabbats de l'année sont, quant à eux, dédiés aux cycles lunaire et solaire** et à leurs variations sur une unité de temps **correspondant aux 12 mois calendaires**. Ainsi, la Lune est bien plus présente et visible durant la Lune de la Contemplation (du 22 décembre au 19 janvier) que pendant la Lune du Soleil Brûlant (du 21 juin au 22 juillet), par exemple.

Cependant, c'est en été que l'on retrouvera **les Super Lunes**, c'est-à-dire les Pleines Lunes qui seront au plus près de la Terre, car ce sont les moments où la Lune sera au périgée de son orbite lunaire.

LA LUNE DANS L'ASTROLOGIE AMÉRINDIENNE

Les directions sacrées de la Roue de médecine

L'astrologie amérindienne est une astrologie chamanique de la Terre Mère, d'après la Roue sacrée de médecine chamanique amérindienne. **L'année est divisée en 13 Lunes en fonction de leurs dates de manifestation.** Chaque Lune a ses propres leçons à nous enseigner.

Chaque Pleine Lune se situe dans une Direction sacrée de la Roue de médecine (Est, Sud, Ouest, Nord).

Chaque Direction a des qualités et des enseignements à nous transmettre. Chaque Direction est aussi associée à une saison de l'année, à un moment de la journée, à une plante sacrée et à un Esprit gardien, un être spirituel qui nous enseigne les leçons de la Direction. Chaque Esprit gardien gouverne donc trois Lunes.

Nord

HIVER

nuit

esprit gardien :

Bison

Ouest

AUTOMNE

soir

Esprit gardien :

Ours

Est

PRINTEMPS

matin

Esprit gardien :

Aigle

Sud

ÉTÉ

midi

Esprit gardien :

Lion

ANIMAL TOTEM
et Lune de naissance

La Lune sous laquelle vous êtes né(e) est votre Lune natale. Elle reflète certaines tendances qui font partie intégrante de votre personnalité. À votre date de naissance correspond un animal totem, ou « signe du zodiaque » amérindien, un animal protecteur qui influence votre vie quotidienne.

On considère ici la symbolique de l'animal, c'est-à-dire ses caractéristiques d'un point de vue métaphorique et spirituel. L'animal nous prodigue sa médecine, c'est-à-dire des enseignements qui vont nous permettre d'évoluer. Il en découle une guidance sur nos forces intérieures et nos potentielles faiblesses, sur comment mieux vivre, en accord avec notre Terre Mère et notre nature profonde. Ces animaux totems sont divisés en quatre clans, chacun étant lié à un élément ; ils sont aussi associés à un minéral totem et à un végétal totem.

Les esprits animaux gouvernent toute la lunaison à laquelle ils sont associé. Dans cet agenda, nous les utiliserons spécialement à la Nouvelle Lune, au moment de l'évocation des vœux et projets, afin de travailler avec leur énergie.

À CHAQUE LUNE
ses correspondances symboliques

Les correspondances mettent en lumière les interconnexions qui existent dans le monde, et le fait que toute chose est reliée à une autre. On retrouve ces notions par exemple dans la médecine traditionnelle chinoise qui, dans sa théorie des 5 éléments, associe un élément avec une saison, un organe, une émotion, etc.

Dans la tradition amérindienne qui est développée ici, si nous prenons l'exemple du cycle lunaire de la Lune des Nouveaux Bourgeons, travailler avec une opale de feu permet de travailler l'élément Feu, mais aussi de faire appel aux qualités de l'animal-totem Faucon. Boire une infusion de trèfle rouge (hors contre-indications habituelles de la phytothérapie) nous met en lien avec la Mère originelle qui Nous enseigne à voir la Vérité (voir ci-après). Travailler avec les correspondances optimise en quelque sorte les effets de chaque Lune sur l'être multidimensionnel que nous sommes.

LES TREIZE MÈRES DE CLAN ORIGINELLES

Les archétypes du Féminin sacré

Jamie Sams, autrice de l'ouvrage *Les 13 Mères originelles*, nous livre une correspondance entre les treize Lunes et treize principes ou Archétypes féminins, dénommées Mères originelles pour intégrer la sagesse amérindienne dans la vie quotidienne des femmes d'aujourd'hui.

Chacune est liée à un cycle de la Lune, sur lequel elle veille. En effet, dans la tradition amérindienne, chacune des 13 Lunes de l'année possède sa propre individualité, et chaque Mère originelle personnifie la Lune à laquelle elle est associée, avec ses particularités.

Chaque Mère prodigue un enseignement particulier, est caractérisée par des dons et des talents, et en lien avec ses propres totems, et influence donc à sa manière la qui lui correspond.

L'idéal est de travailler avec les totems et d'invoquer les talents de la Mère liée à la Lune en cours, lors des rituels de Lune.

Pour cela, vous pouvez réaliser un autel : déposez-y les totems (cristaux, végétaux, représentations animales...) de la Mère de la Lune en cours, ainsi que ses caractéristiques propres, notées sur des petits morceaux de papier ou représentées par des symboles (par exemple : des yeux, pour « Celle qui voit loin »).

À la fin du rituel, remerciez la Mère invoquée.

PRINTEMPS

les Pleines Lunes de l'Est

C'est le temps des nouveaux départs, du changement et de l'espoir. Nous apprenons à nous tourner vers l'avenir et nous savons que nous pouvons devenir plus que ce que nous sommes. Ces Lunes nous aident à prendre l'initiative de démarrer de nouveaux projets.

Du 21 mars au 19 avril

Pleine Lune des Nouveaux Bourgeons

Également appelée « Pleine Lune rose » pour rappeler les premières fleurs roses printanières qui éclosent à ce moment-là, ou encore « Pleine Lune de l'Herbe verte », « Pleine Lune des Arbres en bourgeons » ou « Pleine Lune aux herbes germantes », traduisant le réveil de la nature après l'hiver.

Les personnes nées sous la Pleine Lune des Nouveaux Bourgeons possèdent un sens de l'innocence et de l'émerveillement qu'elles garderont toute leur vie. Leur talent est de reconnaître la valeur des nouveaux projets et des nouvelles idées, et de tenter de les réaliser. Leur potentielle faiblesse est l'échec de l'achèvement de ces projets, car elles sont souvent distraites par de nouvelles idées, commençant un nouveau projet sans avoir terminé le précédent.

Sabbat : *Ostara (21 mars).*

CORRESPONDANCES

Animaux totems : Faucon

Clan de l'Oiseau-Tonnerre

Élément : Feu

Pierre : Opale de Feu.

Végétal : Trèfle rouge

Mère de clan : Celle qui voit loin. Nous enseigne à voir la Vérité.

Du 20 avril au 20 mai

Pleine Lune des Plantations

Elle est aussi appelée « Pleine Lune des Fleurs », pour faire écho à la floraison de la majorité des fleurs sauvages du printemps, ou « Pleine Lune du Retour des grenouilles », « Pleine Lune de Lait » ou « Pleine Lune de la Mère ».

CORRESPONDANCES

Animaux totems : Castor, Fourmi

Clan de la Tortue

Élément : Terre

Pierre : Citrine

Végétal : Pissenlit

Mère de clan : Celle qui écoute. Nous enseigne à écouter la Vérité.

Les personnes nées sous la Pleine Lune des Plantations prospèrent grâce à un travail acharné, et investiront d'énormes efforts dans chaque projet entrepris. Elles comprennent le besoin de préparation et excellent dans la promotion de nouvelles idées. Une fois qu'elles ont démarré un projet, elles s'y investissent à 200 %, en temps et en efforts. Leur potentielle faiblesse est leur incapacité à prioriser ou à choisir la tâche à réaliser en premier.

Sabbat : *Beltane (nuit du 30 avril au 1er mai).*

Du 21 mai au 20 juin

Pleine Lune des Nouvelles Fleurs

On l'appelle aussi « Lune des Fraises », car elle a lieu lors de la période de maturité de ce fruit, ou encore « Lune de la Plantation du maïs », « Lune de Foin » ou « Lune de Miel » (en référence au miel produit par les abeilles).

Les personnes nées sous la Pleine Lune des Nouvelles Fleurs possèdent une exubérance pétillante et un enthousiasme plein de vitalité. Elles semblent être toujours en plein fleurissement. De nature créative, elles sont attirées par les projets artistiques. Leur potentielle faiblesse est le manque de stabilité et l'incapacité à porter attention aux détails importants.

CORRESPONDANCES

Animaux totems : Cerf, Biche, Girafe

Clan du Papillon

Élément : Air

Pierre : Corail

Végétal : Fleur de pommier

Mère de clan : La Conteuse. Nous enseigne à dire la Vérité.

ÉTÉ

les Pleines Lunes du Sud

Le Sud est le temps de la manifestation et de la compréhension. Nous apprenons à embrasser la vie, à profiter de journées bien remplies, à grandir, à aimer et à vivre pleinement. Ces Lunes nous encouragent à intensifier notre activité.

Du 21 juin au 22 juillet

Pleine Lune du Soleil brûlant

On l'appelle aussi « Pleine Lune du Tonnerre » car elle a lieu lors de la période de l'année où les orages sont les plus fréquents, mais aussi « Pleine Lune du Soleil fort » ou « Pleine Lune des Prairies ».

Les personnes nées sous la Pleine Lune du Soleil brûlant sont emplies de joie de vivre. Elles sont de nature joueuse et peuvent égayer même la plus ennuyeuse des journées. Elles réussissent souvent leur vie dans les domaines professionnels en lien avec la clientèle. Leur potentielle faiblesse est leur comportement parfois puéril et leur incompréhension des conséquences possibles de leurs actions.

Sabbat : *Litha (21 juin).*

CORRESPONDANCES

Animal totem : Loutre

Clan de la Grenouille

Élément : Eau

Pierre : Quartz rose

Végétal : Églantier

Mère de clan : Celle qui aime toute chose. Nous enseigne à aimer la Vérité.

Du 23 juillet au 22 août

Pleine Lune des Vents chauds

On l'appelle aussi « Pleine Lune de Maïs », car elle a lieu lorsque cette plante est en pleine croissance, « Pleine Lune de Grain », parce qu'elle survient au début de la récolte annuelle de céréales sauvages, ou encore « Pleine Lune des Baies mûres ».

Les personnes nées sous cette Pleine Lune correspondent aux femmes et hommes d'action de la Roue de médecine. Elles osent aller partout et tout faire. Polyvalentes, elles s'intègrent à de multiples lieux et situations. Elles peuvent toutefois montrer une certaine dureté, surtout si elles ont été éprouvées par la vie : elles font des amis loyaux, mais aussi des ennemis redoutables. Leur point faible potentiel : ne pas abandonner alors qu'il serait plus sage de le faire.

Sabbat : *Lughnasadh (1er août).*

CORRESPONDANCES

Animaux totems : Esturgeon, Alligator

Clan de l'Oiseau-Tonnerre

Élément : Feu

Pierre : Cornaline.

Végétal : Framboisier

Mère de clan : La Guérisseuse. Nous enseigne à servir la Vérité.

Du 23 août au 22 septembre

Pleine Lune des Moissons

C' est la Pleine Lune la plus proche de l'équinoxe d'automne. On l'appelle aussi « Pleine Lune du Cornu » et « Pleine Lune des Récoltes », car le lever relativement précoce de la Lune à ce moment de l'année procure du temps supplémentaire aux agriculteurs pour se consacrer à cette tâche.

Les personnes nées sous la Pleine Lune des Moissons ont habituellement une bonne capacité de jugement, de justice et de courage face aux réalités de la vie. Dotées de solides compétences d'analyse, réputées pour leur impartialité, elles cherchent le juste milieu et évitent les extrêmes. Elles peuvent parfois se laisser submerger par leur sens pratique, et ainsi ne pas réussir à atteindre l'harmonisation spirituelle.

Sabbat : *Mabon (21 septembre).*

CORRESPONDANCES

Animaux totems : Araignée, Abeille

Clan de la Tortue

Élément : Terre

Pierre : Fluorite

Végétal : Tournesol

Mère de clan : La Femme du Soleil Couchant. Nous enseigne à vivre la Vérité.

AUTOMNE

les Pleines Lunes de l'Ouest

L'Ouest est la période de la guérison, de la maturité, de l'achèvement et de la compréhension permise par le temps. Notre travail commence au niveau émotionnel. Ces Lunes peuvent nous aider à mener nos projets à bien.

Du 23 septembre au 23 octobre

Pleine Lune des Chasseurs

La Pleine Lune des Chasseurs n'est pas fixée au mois d'octobre ; il s'agit en fait de la première Pleine Lune après la Pleine Lune des Moissons. On l'appelle également « Pleine Lune du Vol des canards » ou « Pleine Lune de la Chute des feuilles ».

Les personnes nées sous la Pleine Lune des Chasseurs sont gentilles, aimantes, très concernées par le bien-être des autres. Généreuses, elles écoutent attentivement les problèmes des autres et essayent de trouver des solutions. Elles sont plus heureuses lorsqu'elles font partie d'un groupe partageant leurs idéaux. Elles doivent apprendre à ralentir, pour atteindre un point d'équilibre. Leur potentielle faiblesse est de se laisser gouverner par leurs émotions et de passer d'une humeur à l'autre.

CORRESPONDANCES

Animal totem : Loup

Clan du Papillon

Élément : Air

Pierre : Jaspe

Végétal : Airellier

Mère de clan : La Tisseuse. Nous enseigne à travailler avec la Vérité.

Du 24 octobre au 21 novembre

Pleine Lune des Premières Gelées

Coïncidant avec les apparitions régulières des premiers frimas, la Pleine Lune des Premières Gelées porte aussi les noms de « Pleine Lune des Brouillards » ou « Pleine Lune de Givre ».

Les personnes nées sous la Pleine Lune des Premières Gelées peuvent sembler mystérieuses et secrètes. Cela peut leur prendre du temps pour s'ouvrir aux autres. Elles ont la capacité de voir dans les profondeurs de l'âme, la leur et celle des autres ; elles comprennent la valeur du pouvoir féminin, c'est-à-dire le pouvoir de connaissance profonde amené par la nuit. Patientes et précautionneuses, elles n'hésitent cependant pas à entrer en action lorsqu'elles entrevoient le résultat final.

Sabbat : *Samhain (31 octobre).*

CORRESPONDANCES

Animal totem : Chouette (Hibou)

Clan de la Grenouille

Élément : Eau

Pierre : Malachite

Végétal : Bouillon blanc

Mère de clan : La Grande Femme qui marche. Nous enseigne à marcher en Vérité.

Du 22 novembre au 21 décembre

Pleine Lune de la Neige silencieuse

On l'appelle également « Pleine Lune des Longues Nuits froides » ou simplement « Pleine Lune des Longues Nuits », car en cette période du solstice d'hiver, les jours sont les plus courts et on reçoit peu de lumière.

Les personnes nées sous la Pleine Lune de la Neige silencieuse ont souvent un physique et une volonté solides. Elles possèdent une force intérieure qui les aide à connaître la bonne direction à suivre et à guider les autres sur le bon chemin. Elles sont intuitives concernant leurs propres sentiments comme ceux des autres, qu'elles aident à libérer de leurs rancœurs. Elles savent que les réponses sont à l'intérieur, et non à l'extérieur, et aident les autres à le comprendre. Elles font d'excellents enseignants.

Sabbat : *Imbolc (21 décembre).*

CORRESPONDANCES

Animal totem : Cheval

Clan de l'Oiseau-Tonnerre

Élément : Feu

Pierre : Hématite

Végétal : Bouleau

Mère de clan : Celle qui glorifie. Nous enseigne à être reconnaissant(e) envers la Vérité.

HIVER

les Pleines Lunes du Nord

Le Nord est le temps de la contemplation et de l'enracinement. Nous apprenons à sonder profondément à l'intérieur de nous-même pour trouver notre connexion à l'Univers. Ces Lunes nous aident à ralentir et à passer plus de temps à l'introspection.

Du 22 décembre au 19 janvier

Pleine Lune de la Contemplation

On l'appelle également « Pleine Lune du Loup », car c'est la période de l'année où les loups venaient piller les camps amérindiens en quête de nourriture, ou « Pleine Lune de Glace », car les cours d'eau sont pris par le froid, ou encore « Lune du Renouveau de la Terre », « Lune d'Hiver » ou « Lune après Yule ».

Les personnes nées sous la Pleine Lune de la Contemplation possèdent un talent naturel pour l'auto-analyse. Elles sont adaptables, mais doivent se rappeler que le changement ne vient pas sans douleur. Cependant, une fois qu'elles voient le bénéfice de laisser tomber leur vieille peau tel un serpent qui mue, elles vont de l'avant avec force et perspicacité. Elles doivent s'efforcer de maintenir l'équilibre dans leur vie, d'apprendre à maîtriser et utiliser intelligemment leur énergie.

CORRESPONDANCES

Animal totem : Serpent.

Clan de la Tortue.

Élément : Terre.

Pierre : Lapis-Lazuli.

Végétal : Camomille.

Mère de clan : Celle qui parle à ses proches. Nous enseigne à apprendre la Vérité.

Du 20 janvier au 18 février

Pleine Lune de la Neige profonde

Elle porte ce nom car c'est la période de l'année où la neige est lourde et profonde. On l'appelle aussi « Lune du Repos et de la Purification », « Lune sauvage » ou « Lune de Faim ».

Les personnes nées sous la Pleine Lune de la Neige profonde sont visionnaires, empathiques et altruistes. Elles cherchent par tous les moyens à améliorer le sort d'autrui, aiment rendre service, et sont capables d'apporter une énergie nouvelle à tout projet. Elles peuvent avoir un don naturel de guérison physique et émotionnelle, mais doivent souvent beaucoup travailler pour que cette capacité se manifeste.

CORRESPONDANCES

Animal totem : Oie des neiges

Clan du Papillon.

Élément : Air.

Pierre : Obsidienne.

Végétal : Échinacée.

Mère de clan : La Gardienne de la Sagesse. Nous enseigne à honorer la Vérité.

Sabbat : *Imbolc (nuit du 1er au 2 février).*

Du 19 février au 20 mars

Pleine Lune des Vents forts

Elle possède de nombreux noms : « Pleine Lune des Vers » (car à cette période, les vers de terre remontent à la surface du sol qui dégèle), « Pleine Lune des Grands Vents », « Pleine Lune virginale » ou encore « Pleine Lune du Corbeau ».

Les personnes nées sous cette Lune se sentent souvent mieux dans le monde spirituel que dans le monde physique. Comme protégées par une chrysalide, elles trouvent le royaume mystique plus réconfortant que le monde extérieur. Si elles sont bien ancrées, elles ont la capacité de voyager entre les deux mondes. Sans cet ancrage, elles peuvent se trouver emprisonnées dans de turbulentes vagues émotionnelles, avec des difficultés à se connecter à l'autre dans le monde physique.

CORRESPONDANCES

Animal totem : Papillon.

Clan de la Grenouille.

Élément : Eau.

Pierre : Azurite.

Végétal : Asclépiade.

Mère de clan : Celle qui pèse la Vérité. Nous enseigne à accepter la Vérité.

TREIZIÈME LUNE

Lune bleue de Transformation

La Lune bleue apparaît tous les 2,7 ans environ. Il s'agit d'une deuxième Pleine Lune dans le mois, habituellement durant un mois comportant 31 jours. Une Lune bleue dégage une puissance phénoménale et signale des temps de grands changements. Elle amplifie les qualités de l'autre Lune qui a lieu dans la même Direction sacrée.

Les personnes nées sous une Lune bleue peuvent vous aider et vous guérir ou au contraire décider d'apporter du désordre et de la confusion dans votre vie. Elles peuvent être votre meilleur(e) ami(e) comme votre pire ennemi(e). Elles ont souvent un tempérament lunatique et sont enclines aux extrêmes ; elles peuvent subitement s'en prendre à vous sans raison particulière, et il n'est pas facile d'apprendre à les connaître. Cependant, si vous prenez le temps de les comprendre, elles peuvent vous enseigner les mystères de la vie.

CORRESPONDANCES

Animal totem : Coyote

Pierre : Pyrite

Mère de clan : Celle qui devient sa vision. Nous enseigne à être la Vérité.

Le terme « Lune bleue » résulte d'une erreur d'interprétation d'un astronome, James High Pruett, en 1946. Au départ, dans les almanachs américains dédiés aux fermiers des années 1900, le terme « Lune bleue » signifiait que quatre Pleines Lunes avaient lieu dans l'intervalle d'une saison, au lieu des trois habituelles. Ce terme ne veut pas dire que la Lune est bleue, même si ce phénomène peut arriver en de rares occasions, dans des conditions atmosphériques bien précises.

CALENDRIER GÉNÉRAL 2022-2023

LUNE DES MOISSONS	LUNE DES CHASSEURS	LUNE DES PREMIÈRES GELÉES	LUNE DE LA NEIGE SILENCIEUSE
du **27 août** au **23 sept. 2022**	du **25 septembre** au **24 octobre 22**	du **25 octobre** au **22 novembre 22**	du **23 novembre** au **22 décembre 2022**
ANIMAUX TOTEMS Araignée, Abeille	**ANIMAUX TOTEMS** Loup	**ANIMAUX TOTEMS** Chouette (ou Hibou)	**ANIMAUX TOTEMS** Cheval, Dauphin
PIERRE TOTEM Fluorite	**PIERRE TOTEM** Jaspe	**PIERRE TOTEM** Malachite	**PIERRE TOTEM** Hématite

2023

LUNE DE LA CONTEMPLATION	LUNE DE LA NEIGE PROFONDE	LUNE DES VENTS FORTS	LUNE DES NOUVEAUX BOURGEONS
du **23 décembre 2022** au **20 janvier 2023**	du **21 janvier** au **19 février 2023**	du **20 février** au **20 mars 2023**	du **21 mars** au **19 avril 2023**
ANIMAUX TOTEMS Serpent	**ANIMAUX TOTEMS** Oie des neiges, Lapin	**ANIMAUX TOTEMS** Papillon, Scarabée Egyptien	**ANIMAUX TOTEMS** Faucon
PIERRE TOTEM Lapis Lazuli	**PIERRE TOTEM** Obsidienne	**PIERRE TOTEM** Azurite	**PIERRE TOTEM** Opale de feu

LUNE DES PLANTATIONS	LUNE DES NOUVELLES FLEURS	LUNE DU SOLEIL BRÛLANT	LUNE DES VENTS CHAUDS
du 20 avril au 18 mai 2023	du 19 mai au 17 juin 2023	du 18 juin au 16 juillet 2023	du 17 juillet au 15 août 2023
ANIMAUX TOTEMS Castor, Fourmi	ANIMAUX TOTEMS Cerf, Biche, Girafe	ANIMAUX TOTEMS Loutre, Raton Laveur	ANIMAUX TOTEMS Esturgeon, Alligator
PIERRE TOTEM Citrine	PIERRE TOTEM Corail	PIERRE TOTEM Quartz rose	PIERRE TOTEM Cornaline

LUNE DE LA TRANSFORMATION	LUNE DES MOISSONS	LUNE DES CHASSEURS	LUNE DES PREMIÈRES GELÉES
du 16 août au 14 sept. 2023	du 15 septembre au 13 octobre 2023	du 14 octobre au 12 novembre 2023	du 13 novembre au 12 décembre 2023
ANIMAUX TOTEMS Coyote	ANIMAUX TOTEMS Araignée, Abeille	ANIMAUX TOTEMS Loup	ANIMAUX TOTEMS Chouette (ou Hibou)
PIERRE TOTEM Pyrite	PIERRE TOTEM Fluorite	PIERRE TOTEM Jaspe	PIERRE TOTEM Malachite

Lune de la Neige silencieuse	Lune de la Contemplation	Lune de la Neige profonde	Lune des Vents forts
du **13 décembre 2023** au **10 janvier 2024**	du **11 janvier** au **9 février 2024**	du **10 février** au **9 mars 2024**	du **10 mars** au **7 avril 2024**
ANIMAUX TOTEMS Cheval, Dauphin	**ANIMAUX TOTEMS** Serpent	**ANIMAUX TOTEMS** Oie des neiges, Lapin	**ANIMAUX TOTEMS** Papillon, Scarabée Egyptien
PIERRE TOTEM Fluorite	**PIERRE TOTEM** Lapis Lazuli	**PIERRE TOTEM** Obsidienne	**PIERRE TOTEM** Azurite

NOTES PERSONNELLES

Calendrier lunaire du mois

LUN	29	5	12	19	26
MAR	30	6	13	20	27
MER	AOÛT 31	7	14	21	28
JEU	1	8	15	22	29
VEN	2	9	16	23	30
SAM	3	10 *pleine lune*	17	24	OCT. 1
DIM	4	11	18	25 *nouvelle lune*	2

SEPTEMBRE 2022

MES NOTES

SEPTEMBRE 2022

LUNDI 29 AOÛT	STE SABINE
MARDI 30 AOÛT	ST FIACRE
MERCREDI 31 AOÛT	ST ARISTIDE
JEUDI 1ER	ST GILLES
VENDREDI 2	STE INGRID
SAMEDI 3	ST GRÉGOIRE
DIMANCHE 4	STE ROSALIE

La Lune cette semaine

Cette semaine, la Lune est dans son premier quartier, phase transitionnelle avant d'atteindre la Pleine Lune la semaine prochaine.

Le pouvoir de la Lune sur vos cheveux

La période de Lune croissante, c'est-à-dire la période qui s'coule entre la Nouvelle Lune et la Pleine Lune, est le moment idéal pour augmenter l'efficacité des masques capillaires nourrissants.

On dit aussi que c'est la période la plus propice pour faire couper vos cheveux, car ils repousseront plus vite. Si vous bénéficiez d'une coupe au rasoir et non aux ciseaux, cet effet sera d'autant plus puissant ! En outre, la Lune croissante est la quinzaine idéale pour réaliser une nouvelle couleur de cheveux.

VOTRE RITUEL : *soin capillaire de lune croissante*

Profitez-en pour tester une couleur végétale qui sera bénéfique pour la fibre capillaire sans les effets néfastes des colorations chimiques. Henné, indigo, brou de noix ou garance sont autant de plantes tinctoriales qui entrent dans la composition des mélanges végétaux pour les colorations capillaires naturelles.

SEPTEMBRE 2022

LUNDI STE RAÏSSA
5

MARDI ST BERTRAND
6

MERCREDI STE REINE
7

JEUDI ST ADRIEN
8

VENDREDI ST ALAIN
9

SAMEDI STE INÈS
10

Pleine Lune

DIMANCHE ST ADELPHE
11

La Lune cette semaine

La Pleine Lune du 10 septembre aura lieu à 11 h 58. Elle sera placée en Poissons, signe très sensible : elle appuiera sur nos émotions non résolues et nos états d'âme encore à vif, nous invitant à les exprimer et à travailler dessus pour les guérir en profondeur. Elle nous permettra également de reprendre les rênes de notre souveraineté intérieure.

Pleine Lune des Moissons

Cette semaine a lieu la Pleine Lune des Moissons, dont les effets se feront sentir du 7 au 13 septembre.

VOTRE RITUEL : *Pentacle de connexion à la Lune*

Choisissez un endroit en extérieur, dans la nature et dans un endroit dégagé d'où vous apercevez la Pleine Lune. Le but est de réaliser un pentacle lunaire en connexion directe avec la Pleine Lune. Cette représentation de la Lune est un symbole de succès et de réussite, qui prémunit de la malchance ou des obstacles qui pourraient advenir.

Avant tout, soyez centré(e) et ancré(e). Trouvez un endroit qui vous convient, puis dessinez sur le sol un triangle d'invocation dans lequel s'inscrira le pentacle lunaire. Vous pouvez représenter ce pentacle avec une craie, du sable ou avec des éléments naturels tels que des feuilles, des fleurs, des glands, des noisettes, etc.

Pendant le rituel, sentez-vous plein(e) de gratitude pour les vœux de Nouvelle Lune qui se sont concrétisés depuis le 27 août.

SEPTEMBRE 2022

LUNDI 12 — ST APOLLINAIRE

MARDI 13 — ST AIMÉ

MERCREDI 14 — ST MATERNE

JEUDI 15 — ST ROLAND

VENDREDI 16 — STE ÉDITH

SAMEDI 17 — ST RENAUD

DIMANCHE 18 — STE NADÈGE

La Lune cette semaine

Cette semaine, la Lune est dans son dernier quartier, phase transitionnelle avant d'atteindre la Nouvelle Lune la semaine prochaine.

Sommeil et lune

Dans un article de la revue *Science of the Total Environment* datant de janvier 2022, une équipe de chercheurs a étudié le sommeil de 850 participants en enregistrant les paramètres à domicile. Ils se sont notamment penchés sur le lien entre qualité de sommeil et périodes lunaires croissantes et décroissantes.

Si aucun effet de l'astre n'a été détecté chez les femmes, les hommes en revanche semblent impactés : les chercheurs ont observé, lors des périodes de Lune croissante, un sommeil moins réparateur et avec un temps d'éveil plus long que durant les phases de Lune décroissante. Le lien privilégié entre les femmes et la Lune (que les hommes n'ont pas) permettrait-il de préserver davantage leur sommeil ?

VOTRE RITUEL *Spécial rêves et sommeil*

Avant de vous endormir, établissez une connexion mentale avec la Lune et remerciez-la pour le sommeil réparateur et les rêves agréables de la nuit à venir.

SEPTEMBRE 2022

LUNDI
19
STE ÉMILIE

MARDI
20
ST DAVY

MERCREDI
21
ST MATTHIEU

JEUDI
22
ST MAURICE

VENDREDI
23
ST CONSTANT

SAMEDI
24
STE THÈCLE

DIMANCHE
25
ST HERMANN

Nouvelle Lune

La Lune cette semaine

La Nouvelle Lune en Balance aura lieu le 25 septembre à 23 h 53. Le signe Balance est porteur de sociabilité : cette Nouvelle Lune, propice à la paix, à la justice et à l'équilibre, sera l'occasion de travailler sur l'harmonie de nos relations aux autres.

Nouvelle Lune des Chasseurs

La Nouvelle Lune des Chasseurs du 25 septembre nous invite à entrer en connexion avec l'esprit de Loup, qui gouverne cette lunaison.

Loup est un enseignant et un éclaireur. Il nous aide à retrouver notre chemin à travers les complexités de notre être intérieur. Loup comprend le besoin de vivre en communauté et peut ainsi nous aider à saisir la dynamique des relations aux autres. Il nous apprend à reconnaître notre pouvoir personnel et la force du pouvoir de la conscience collective.

VOTRE RITUEL *de demande à la Nouvelle Lune*

Visualisez un loup ; faites appel à l'énergie de l'esprit animal et à ses qualités : la loyauté et l'amour inconditionnel.

Puis, tout en tenant dans votre main un jaspe (minéral totem de cette lunaison) ou en le posant à même votre peau, représentez-vous mentalement vos intentions pour le mois lunaire à venir, en les imaginant déjà réalisées.

Le 23 septembre, nous fêtons Mabon
(voir semaine du 23 septembre 2023).

SEPTEMBRE 2022

LUNDI 26 — ST CÔME, ST DAMIEN

MARDI 27 — ST VINCENT DE PAUL

MERCREDI 28 — ST VENCESLAS

JEUDI 29 — ST MICHEL/GABRIEL

VENDREDI 30 — ST JÉRÔME

SAMEDI 1ER OCT. — STE THÉRÈSE DE LISIEUX

DIMANCHE 2 OCT. — ST LÉGER

La Lune cette semaine

Cette semaine, la Lune est dans son premier quartier, phase transitionnelle avant d'atteindre la Pleine Lune la semaine prochaine.

Le jaspe, pierre de soutien et d'équilibre

Variété de calcédoine opaque, ce cristal est le minéral totem de cette lunaison.

Lié au chakra racine, le jaspe vous aide à vous harmoniser avec l'énergie de la Terre Mère en vous procurant une énergie positive d'ancrage. Il intervient aussi pour stimuler ou clarifier vos pensées et votre mental et, ainsi, vous épauler pour trouver l'équilibre dans le monde physique. Pierre de protection, il participe à équilibrer le yin et le yang dans votre corps et votre aura. Excellente pierre de radiesthésie, il permet de mieux supporter la solitude, d'atteindre ses objectifs et de garder le moral.

VOTRE RITUEL : *Eau de jaspe*

Le jaspe est une pierre qui supporte l'eau : réalisez une eau de gemme en le laissant immergé durant 24 heures.

Le breuvage obtenu peut être bu ainsi, ou servir de base à un élixir d'eau de Lune *(voir semaine du 3 octobre)* : bue, donc intériorisée par voie orale, l'eau de jaspe permet de mieux intégrer les bienfaits du jaspe décrits ci-dessus.

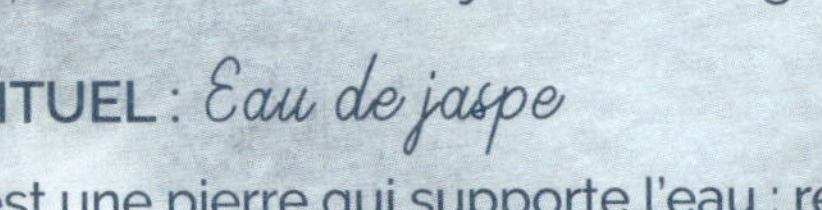

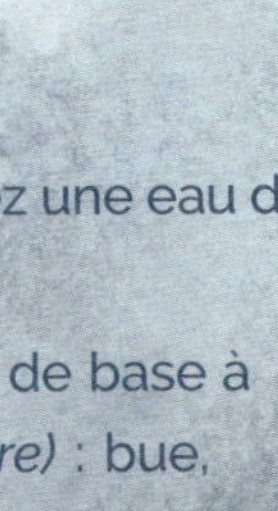

Calendrier lunaire du mois

LUN	26	3	10	17	24
MAR	27	4	11	18	nouvelle lune 25
MER	28	5	12	19	26
JEU	29	6	13	20	27
VEN	SEPT. 30	7	14	21	28
SAM	1	8	15	22	29
DIM	2	pleine lune 9	16	23	30

OCTOBRE 2022

31

MES NOTES

OCTOBRE 2022

LUNDI — ST GÉRARD

3

MARDI — ST FRANÇOIS D'ASSISE

4

MERCREDI — STE FLEUR

5

JEUDI — ST BRUNO

6

VENDREDI — ST SERGE

7

SAMEDI — STE PÉLAGIE

8

DIMANCHE — ST DENIS

9

Pleine Lune

La Lune cette semaine

La Pleine Lune en Bélier aura lieu le 9 octobre à 23 h 53. Elle nous placera face aux conséquences des actions que l'on a posées, tout en soutenant nos objectifs personnels. Dirigé par le Feu et la planète Mars, le Bélier alimentera votre brasier intérieur : vous ressentirez une énergie puissante et volontaire. Mais ne vous laissez pas dominer par la colère ou l'agressivité !

Pleine Lune des Chasseurs

Cette semaine se terminera sur la Pleine Lune des Chasseurs, dont les effets se feront sentir du 6 au 12 octobre.

VOTRE RITUEL : *Élixir d'eau de Lune*

Préparez de l'eau de Lune (ou « élixir d'eau de Lune »). Remplissez des bouteilles en verre avec de l'eau de source. Exposez-les toute la nuit à la lumière de la Lune, en extérieur si le temps le permet, ou derrière une fenêtre, sans bouchon. Avant le lever du jour, rentrez-les et fermez-les. Conservez-les à l'abri de la lumière, dans un endroit frais.

Vous pouvez dynamiser votre eau de Lune pour obtenir le remède homéopathique Luna : mélangez-la en impulsant à la bouteille un mouvement de lemniscate (en forme de 8), symbole de l'infini, pendant 5 à 10 min. Elle se conserve quelques jours au réfrigérateur.

Ses indications, très variées, correspondent en partie à un comportement dit « lunatique » : buvez cette eau si vous êtes irritable, confus(e), frustré(e) et en colère, si vous vous sentez déconnecté(e), si vous manquez de motivation ou si vous avez un sommeil non réparateur avec un réveil difficile.

OCTOBRE 2022

LUNDI 10	ST GHISLAIN
MARDI 11	ST FIRMIN
MERCREDI 12	ST WILFRIED
JEUDI 13	ST GÉRAUD
VENDREDI 14	ST JUSTE
SAMEDI 15	STE THÉRÈSE D'AVILA
DIMANCHE 16	STE EDWIGE

La Lune cette semaine

Le début de cette semaine est toujours placée en Pleine Lune des Chasseurs, dont la lunaison entame sa seconde phase..

L'airelle, bienfaitrice pour la peau

Cette semaine, nous mettons à l'honneur l'airelle, végétal totem de cette lunaison.

Réalisez un soin synergique pour le visage, à base d'extraits de deux fruits du même genre botanique *Vaccinium* : la myrtille et l'airelle. La poudre d'airelle, issue du fruit séché puis broyé, est l'ingrédient star de ce masque rose purifiant, nourrissant et antioxydant, idéal lors des journées d'octobre où l'arrivée du froid peut agresser notre épiderme.

VOTRE RITUEL : *Masque-synergie à l'airelle*

Mélangez 1 cuil. à soupe d'airelle en poudre avec 2 cuil. à soupe d'argile rose ultra-ventilée. Délayez petit à petit cette poudre avec de l'huile végétale de graines de myrtille, extrêmement riche en tocophérols, caroténoïdes et antioxydants naturels, jusqu'à obtenir une texture onctueuse mais pas trop liquide. Appliquez sur votre visage en couche épaisse, puis couvrez d'un carré en mousseline de coton humidifié avec de l'eau bien chaude : cela évitera au masque de se dessécher, et la chaleur aura, elle, un effet « mini-spa » en ouvrant les pores de l'épiderme et en optimisant l'action des composés présents dans le mélange.

OCTOBRE 2022

LUNDI
17
ST BAUDOUIN

MARDI
18
ST LUC

MERCREDI
19
ST RENÉ

JEUDI
20
STE ADELINE

VENDREDI
21
STE CÉLINE

SAMEDI
22
STE SALOMÉ/STE ÉLODIE

DIMANCHE
23
ST JEAN DE CAPISTRAN

La Lune cette semaine

Cette semaine, la Lune est son dernier quartier, phase transitionnelle avant d'atteindre la Nouvelle Lune la semaine prochaine.

La sélénite, cristal de la Lune et de la déesse Séléné

La sélénite est associée à la Lune, par le biais de la déesse Séléné qui en est l'un des symboles.

Forme cristallisée de gypse, la sélénite est généralement blanche ou transparente. Associée au chakra coronal, elle nous soutient en cas d'abus, notamment de harcèlement, d'un point de vue émotionnel et spirituel.

La sélénite attire la lumière, réfléchit l'éclat du soleil et incarne l'énergie dynamique et créative du feu : par cette capacité, elle nous aide à « briller de l'intérieur », à ressentir pleinement que nous sommes une source de lumière et que nous sommes des êtres multidimensionnels. Elle contribue à renforcer notre énergie vitale pour que notre Lumière intérieure non seulement nous nourrisse, mais aussi illumine et fasse vibrer les autres.

VOTRE RITUEL *avec la sélénite*

Fragile, la sélénite ne supporte ni l'eau, ni le sel et se casse facilement si elle tombe. On peut la porter sur soi, idéalement gravée de la fleur de vie.

Le 17 octobre, nous fêtons Séléné, déesse de la Pleine Lune, l'un des aspects de la Lune dans la triade lunaire avec Artémis (croissant de Lune) et Hécate (Nouvelle Lune).

OCTOBRE 2022

LUNDI 24 — ST FLORENTIN

MARDI 25 — ST CRÉPIN

Nouvelle Lune

MERCREDI 26 — ST DIMITRI

JEUDI 27 — STE ÉMELINE

VENDREDI 28 — ST SIMON, ST JUDE

SAMEDI 29 — ST NARCISSE

DIMANCHE 30 — STE BIENVENUE

La Lune cette semaine

La Nouvelle Lune du 25 octobre aura lieu à 12 h 47. Elle sera placée en Scorpion, signe qui symbolise la transformation mais aussi l'instinct : elle vous donnera de la force pour vous libérer du passé ou d'une relation toxique. Vous aurez, pour cela, besoin de soutien et de réconfort : aussi, entourez-vous de personnes que vous aimez et en qui vous avez confiance.

Nouvelle Lune des Premières gelées

La Nouvelle Lune des Premières gelées du 25 octobre nous invite à entrer en connexion avec l'esprit d'Ours, qui gouverne toute cette lunaison. Ours est aussi le gardien de la Direction sacrée de l'automne sur la Roue de médecine amérindienne *(voir introduction)*.

Les qualités d'Ours sont le pouvoir de guérison de l'inconscient et la capacité de le découvrir à l'intérieur de nous-même, mais aussi la responsabilité et l'équilibre. Ours nous apprend à nous guérir nous-même, à développer notre capacité de guérison intérieure et à guérir les autres.

VOTRE RITUEL *de demande à la Nouvelle Lune*

Visualisez un ours ; faites appel à l'énergie de l'esprit animal et à ses qualités. Puis, tout en tenant dans votre main une sélénite (dont nous avons vu les bienfaits la semaine dernière) ou en la posant à même votre peau, représentez-vous mentalement vos intentions et projets pour le mois lunaire à venir, en les imaginant déjà concrétisés.

Calendrier lunaire du mois

LUN	OCT. 31	7	14	21	28
MAR	1	8 pleine lune	15	22	29
MER	2	9	16	nouvelle lune 23	30
JEU	3	10	17	24	DÉC. 1
VEN	4	11	18	25	2
SAM	5	12	19	26	3
DIM	6	13	20	27	4

NOVEMBRE 2022

MES NOTES

NOVEMBRE 2022

LUNDI
31
OCT.
ST QUENTIN

MARDI
1ER
TOUSSAINT

MERCREDI
2
ST VICTORIN

JEUDI
3
ST HUBERT

VENDREDI
4
ST CHARLES

SAMEDI
5
STE SYLVIE

DIMANCHE
6
STE BERTILLE

La Lune cette semaine

Cette semaine, la Lune est dans son premier quartier, phase transitionnelle avant d'atteindre la Pleine Lune la semaine prochaine.

Fête de Samhain, sabbat majeur

Le 31 octobre, nous fêtons Samhain (ou Samain), plus connu sous son autre nom « Halloween ».

Ce sabbat est le début de l'année solaire pour les Celtes et les sorcières. C'est également la fête des morts : à Samhain, d'après les croyances païennes, le voile entre les mondes est le plus fin ; c'est donc le moment idéal pour tenter d'entrer en contact avec les défunts ou d'autres entités (comme le petit peuple de la forêt).

VOTRE RITUEL : *Fumigation protectrice et purifiante*

Réalisez un bâton de fumigation en nouant ensemble des parties aériennes de millepertuis et des racines de benoîte. La benoîte est traditionnellement utilisée pour se protéger des énergies occultes et expulser les entités malfaisantes. Le millepertuis est une puissante plante de purification qui chasse les énergies négatives et esprits néfastes attachés à un lieu d'habitation.

Allumez le bâton au-dessus d'un récipient ignifuge, et passez sa fumée le long des murs de la maison, surtout dans les coins. À la fin du rituel, ouvrez grand vos portes et fenêtres pour aérer pleinement et laisser s'échapper les énergies négatives ainsi nettoyées

NOVEMBRE 2022

LUNDI
7
STE CARINE

MARDI
8
ST GEOFFROY

Pleine Lune

MERCREDI
9
ST THÉODORE

JEUDI
10
ST LÉON

VENDREDI
11
ST MARTIN

SAMEDI
12
ST CHRISTIAN

DIMANCHE
13
ST BRICE

La Lune cette semaine

La Pleine Lune en Taureau du 8 novembre aura lieu à 12 h 01. Cette Pleine Lune sera le moment de mettre fin à de vieilles habitudes et à tout ce qui nous empoisonne. Elle nous permettra de changer certaines de nos priorités. Elle nous réapprendra à écouter notre intuition et nos ressentis, et à nous connecter à notre moi profond.

Pleine Lune des Premières gelées

Les effets de la Pleine Lune des Premières gelées se feront sentir du 5 au 11 novembre.

VOTRE RITUEL : *Bain végétal coloré*

Vous êtes invité(e) à cette occasion à prendre soin de vous-même, en vous offrant un bain végétal parsemé des feuilles et des pétales de fleurs multicolores. Si possible, choisissez-les aux couleurs des sept chakras (pétales rouges, orange, jaunes, bleu clair, bleu foncé, violets, et des feuilles vertes).

Attention : assurez-vous de la non-toxicité des fleurs choisies en vous renseignant auprès de votre herboriste ou fleuriste.

Pendant votre bain, mettez un fond musical permettant l'harmonisation et la purification des chakras. Si vous ne disposez pas d'une baignoire, disposez les éléments végétaux dans votre bac de douche.

Dites ou pensez : *«Je me remercie pour ce bain floral multicolore qui a permis d'harmoniser et de dynamiser tous mes chakras.»*

Cette année, la Pleine Lune des Premières gelées sera assortie d'une éclipse totale de Lune. Elle ne sera pas visible en Europe mais nous profiterons tout de même de ses énergies.

NOVEMBRE 2022

LUNDI 14	ST SIDOINE
MARDI 15	ST ALBERT
MERCREDI 16	STE MARGUERITE
JEUDI 17	STE ÉLISABETH
VENDREDI 18	STE AUDE
SAMEDI 19	ST TANGUY
DIMANCHE 20	ST EDMOND

La Lune cette semaine

Cette semaine, la Lune est dans son dernier quartier, phase transitionnelle avant d'atteindre la Nouvelle Lune la semaine prochaine.

La Lune, Vénus et la féminité

Si la Lune est l'astre féminin par excellence, il est une autre planète importante pour la femme : Vénus.

Seule planète du système solaire à tourner en sens inverse des autres, elle est aussi appelée « Étoile du berger » ou « Étoile du matin » ; elle a par ailleurs donné son nom au jour « vendredi ».

Vénus est un symbole de féminité. Planète de l'amour, elle est représentée par Aphrodite, déesse de l'amour, de la beauté et de l'harmonie. Les sentiments sont exacerbés sous son énergie empreinte de sensibilité et de sensualité, provenant respectivement des signes de la Balance et du Taureau qu'elle gouverne. Elle nous rattache aussi à la sphère du confort, du bien-être et de l'épanouissement.

Proche du Soleil dans les thèmes astraux, elle influence notre façon d'aimer et notre affectivité, mais aussi les valeurs qui nous animent.

NOVEMBRE 2022

LUNDI ST GÉLASE
21

MARDI STE CÉCILE
22

MERCREDI ST CLÉMENT
23
Nouvelle Lune

JEUDI STE FLORA
24

VENDREDI STE CATHERINE
25

SAMEDI STE DELPHINE
26

DIMANCHE ST SÉVERIN
27

La Lune cette semaine

La Nouvelle Lune en Sagittaire du 23 novembre aura lieu à 23 h 56. Elle nous invite à nous évader, découvrir de nouvelles choses et voyager spirituellement, mais aussi à trouver l'aventure dans le quotidien en laissant libre court à notre créativité. Allez dans un parc d'attractions, faites un rainbow cake ou construisez une cabane... Vous vous sentirez on ne peut plus vivant(e) !

Nouvelle Lune de la Neige silencieuse

Pour initier cette lunaison, vous êtes invité(e) à réaliser une bougie rituelle qui soutiendra l'expression de vos intentions pour le cycle à venir.

VOTRE RITUEL : *Bougie rituelle de demande à la Lune*

Choisissez un petit contenant en verre transparent, remplissez-le de la cire naturelle (cire d'abeille ou cire végétale) et faites-la fondre au bain-marie, en remuant de temps en temps. Au fond du contenant, fixez la mèche de votre choix (cirée, tissée ou en bois avec un peu de cire fondue. Versez doucement le reste de cire fondue en laissant dépasser la mèche. Llaissez refroidir. Une fois la cire quasi solidifiée, parsemez la surface des éléments suivants, en correspondance avec les phases de Nouvelles Lunes : fleurs de lavande, labradorites et améthystes de très petit format.

Enfin, allumez la bougie, portez-la devant vous en la regardant et représentez-vous mentalement vos intentions pour le mois lunaire à venir, en les imaginant déjà réalisées. Vous pouvez la laisser se consumer jusqu'à la fin ou l'éteindre à la fin du rituel pour l'utiliser lors d'une prochaine Nouvelle Lune ou pour un autre moment de méditation.

Pour clore la cycle lunaire de la Neige silencieuse, la Pleine Lune du 8 décembre sera l'occasion de réaliser une bougie rituelle de gratitude.

Calendrier lunaire du mois

LUN	28	5	12	19	26
MAR	29	6	13	20	27
MER	NOV. 30	7	14	21	28
JEU	1	8 *pleine lune*	15	22	29
VEN	2	9	16	*nouvelle lune* 23	30
SAM	3	10	17	24	31
DIM	4	11	18	25	JAN. 1

DÉCEMBRE 2022

MES NOTES

DÉCEMBRE 2022

LUNDI	28 NOV.	ST JACQUES DE LA MARCHE
MARDI	29 NOV.	ST SATURNIN
MERCREDI	30 NOV.	ST ANDRÉ
JEUDI	1ER	STE FLORENCE
VENDREDI	2	STE VIVIANE
SAMEDI	3	ST FRANÇOIS-XAVIER
DIMANCHE	4	STE BARBARA

La Lune cette semaine

Cette semaine, la Lune est dans son premier quartier, phase transitionnelle avant d'atteindre la Pleine Lune la semaine prochaine.

La serpentine, pierre de la kundalini

On la compare parfois à un serpent lové dans son trou, à l'image de l'énergie kundalini *(voir semaine du 12 décembre 2022).*

La serpentine est une pierre en amas et plaques superposées assez fragile que l'on ne trouve sous forme structurée qu'enfouie à l'intérieur d'autres structures cristallines. De couleur verte, rouge, brune ou noire, elle revêt parfois un aspect veiné qui rappelle d'ailleurs les écailles d'un serpent : cette apparence lui a valu son nom !

Liée au chakra du cœur, la serpentine favorise la créativité artistique et équilibre les ressentis émotionnels. C'est une pierre idéale pour la méditation car elle facilite la visualisation tout en harmonisant la circulation énergétique, notamment l'absorption de l'énergie universelle (prana) par nos chakras.

VOTRE RITUEL *avec la serpentine*

Pour bénéficier de ses bienfaits, posez-la à même votre peau sur le chakra du cœur ou du plexus solaire. Vous pouvez aussi la placer sous votre oreiller pour vous aider à vous souvenir de vos rêves.

Le 30 novembre, nous fêtons Hécate, déesse de la Nouvelle Lune (voir 26 juin 2023).

DÉCEMBRE 2022

LUNDI
5
ST GÉRALD

MARDI
6
ST NICOLAS

MERCREDI
7
ST AMBROISE

JEUDI
8
ST ELFRIED

Pleine Lune

VENDREDI
9
ST PIERRE FOURIER

SAMEDI
10
ST ROMARIC

DIMANCHE
11
ST DANIEL

La Lune cette semaine

La Pleine Lune en Gémeaux aura lieu le 8 décembre à 5 h 08. C'est un temps d'amour, de partage et de rassemblement : elle sera le moment idéal pour avoir certaines conversations importantes et mettre en place des contrats qui pourraient changer votre vie. Les choses vont bouger de façon positive !

Pleine Lune de la Neige silencieuse

Les effets de la Pleine Lune de la Neige silencieuse se feront sentir du 5 au 11 décembre.

Ce rituel répond à celui de la Nouvelle Lune du 23 novembre : après la « demande », la Pleine Lune est l'occasion d'un rituel de remerciement, matérialisé par une bougie de gratitude.

VOTRE RITUEL : *Bougie rituelle de gratitude*

Mettez-vous dans de bonnes dispositions mentales — vous devez être serein(e) et apaisé(e) — et physiques : installez-vous confortablement, si possible avec la Pleine Lune dans votre champ de vision.

Procédez comme pour la bougie de Nouvelle Lune, mais cette fois parsemez la surface de ces éléments, en correspondance avec les phases de Pleines Lunes : pétales de rose, pierres de lune, quartz roses de très petit format. Ajoutez des hématites, pierre totem de la Lune de la Neige silencieuse.

Allumez la bougie et placez-la devant vous en ressentant de la gratitude et en remerciant l'Univers pour tous les souhaits et projets qui se sont réalisés durant le mois écoulé.

Vous pouvez laisser la bougie se consumer jusqu'à la fin ou l'éteindre à la fin du rituel pour l'utiliser lors d'une prochaine Pleine Lune ou pour un autre moment de méditation.

DÉCEMBRE 2022

LUNDI 12 — ST CORENTIN

MARDI 13 — STE LUCIE

MERCREDI 14 — STE ODILE

JEUDI 15 — STE NINON

VENDREDI 16 — STE ALICE

SAMEDI 17 — ST JUDICAËL/GAËL

DIMANCHE 18 — ST GATIEN

La Lune cette semaine

Cette semaine, la Lune est dans son dernier quartier, phase transitionnelle avant d'atteindre la Nouvelle Lune la semaine prochaine.

La kundalini, énergie de notre éveil spirituel

La *kundalini* est une puissante énergie spirituelle, aussi appelée « énergie cosmique », « divine » ou « vitale », considérée comme « la Mère en nous ».

Elle est lovée, tel un serpent endormi, dans le chakra racine (1er chakra), à la base de la colonne vertébrale, au niveau du périnée. Au cours d'une vie non éveillée au spirituel, il peut arriver que l'énergie kundalini s'élève jusqu'au chakra sacré (2e chakra), au niveau de l'os sacré (le sacrum), mais se trouve bloquée par nos émotions et notre état d'être et de conscience. Elle retourne alors se placer dans le chakra racine, et peut parfois osciller ainsi l'un et l'autre durant toute notre vie, sans jamais réussir à dépasser ce niveau pour s'élever plus haut.

Lors de son éveil, l'énergie kundalini déploie toute sa puissance et remonte du bas vers le haut pour élever la conscience, en passant par tous les chakras. Ainsi déployée, l'énergie kundalini active, harmonise et coordonne tous les chakras, permettant ainsi la réalisation du soi par l'élévation spirituelle.

Pour favoriser votre éveil spirituel, pratiquez la méditation, la prière ou le yoga, entrez en contact plus souvent avec la nature (forêt, arbres, ruisseaux) et essayez de vous détacher des aspects matériels de notre vie incarnée.

DÉCEMBRE 2022

LUNDI 19 — ST URBAIN

MARDI 20 — ST THÉOPHILE

MERCREDI 21 — ST PIERRE CANISIUS

JEUDI 22 — STE FRANÇOISE-XAVIÈRE

VENDREDI 23 — ST ARMAND

Nouvelle Lune

SAMEDI 24 — STE ADÈLE

DIMANCHE 25 — ST EMMANUEL

La Lune cette semaine

La Nouvelle Lune en Capricorne aura lieu le 23 décembre à 11 h 17. Ce sera la dernière Nouvelle Lune de l'année : elle sera l'occasion parfaite pour nous concentrer sur nous-même et nos futurs projets, en posant et visualisant nos nouveaux objectifs.

Nouvelle Lune de la Contemplation

La Nouvelle Lune de la Contemplation du 23 décembre nous exhorte à entrer en connexion avec l'esprit de Serpent, qui gouverne cette lunaison.

Serpent est un animal totem respecté et de grande puissance pour les Amérindiens. Lorsqu'il a effectué sa mue en s'extirpant de son ancienne peau, il en émerge plus grand et plus fort. Il est aussi connu pour être un messager qui fait venir à nous les paroles du monde des esprits, si tant est que nous prenions la peine de l'écouter. Serpent peut frapper et tuer mais aussi guérir : en cela, il nous enseigne la renaissance à travers l'élévation de l'énergie de la Terre à l'intérieur de nous-même.

VOTRE RITUEL *de demande à la Nouvelle Lune*

Visualisez cet animal totem pour vous aider à faire monter la force kundalini à l'intérieur de vous-même. Tout en tenant dans votre main une serpentine (minéral totem de cette lunaison) ou en la posant à même votre peau (par exemple sur votre nombril, votre cœur ou le sommet de votre tête), représentez-vous mentalement vos intentions et projets pour le mois lunaire et l'année à venir, en les imaginant déjà réalisés.

Le 21 décembre, nous fêtons Yule *(voir semaine du 18 décembre 2023).*

DÉCEMBRE 2022

LUNDI
26
ST ÉTIENNE

MARDI
27
ST JEAN L'APÔTRE

MERCREDI
28
STS INNOCENTS

JEUDI
29
ST DAVID

VENDREDI
30
ST ROGER

SAMEDI
31
ST SYLVESTRE

DIMANCHE
1ER JANVIER
JOUR DE L'AN

La Lune cette semaine

Cette semaine, la Lune est dans son premier quartier, phase transitionnelle avant d'atteindre la Pleine Lune la semaine prochaine.

Rituel de passage vers la nouvelle année

Cette semaine qui s'achève sur l'entrée dans 2023 est idéale pour un rituel de passage à la nouvelle année dans l'énergie de la Lune de la Contemplation de la semaine prochaine.

VOTRE RITUEL : *Bain méditatif à la camomille*

Vous êtes invité(e) à vous offrir le cadeau d'un bain de pieds bien chaud à la camomille, végétal totem de la Pleine Lune de la Contemplation.

Étalez 200 g de gros sel sur une assiette et imbibez-le avec 20 gouttes d'huile essentielle de camomille romaine. Versez le tout dans une bassine d'eau bien chaude. Ajoutez-y une poignée de camomille séchée, puis plongez-y vos pieds, en essayant de chasser les pensées parasites de votre mental.

Profitez simplement de l'instant présent. Observez vos pensées passer sans les retenir : laissez-les aller et venir, vous pourrez vous en occuper plus tard. Concentrez-vous également sur votre respiration, et la sensation de l'air qui entre et sort de votre arbre respiratoire à chaque inspiration et expiration.

Reconnue pour être une plante d'introspection, la camomille aide à atteindre un haut niveau de relaxation, propice à l'observation profonde de votre être intérieur.

Calendrier lunaire du mois

LUN	26	2	9	16	23
MAR	27	3	10	17	24
MER	28	4	11	18	25
JEU	29	5	12	19	26
VEN	30	6	13	20	27
SAM	DÉC. 31	7 *pleine lune*	14	21 *nouvelle lune*	28
DIM	1	8	15	22	29

JANVIER 2023

0

1

MES NOTES

JANVIER 2023

LUNDI
ST BASILE

2
DÉC.

MARDI
STE GENEVIÈVE

3
DÉC.

MERCREDI
ST ODILON

4
DÉC.

JEUDI
ST EDOUARD

5

VENDREDI
ST MELAINE

6

SAMEDI
ST RAYMOND

7

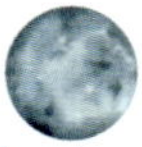

Pleine Lune

DIMANCHE
ST LUCIEN

8

La Lune cette semaine

La Pleine Lune aura lieu le 7 janvier à 00 h 09. Elle sera placée en Cancer, signe astrologique où la Lune a les effets les plus puissants : elle nous pousse alors particulièrement à l'introspection et exacerbe nos sentiments. On peut d'ailleurs parfois ressentir de la nostalgie pour le passé, ainsi qu'un fort besoin de réconfort et de cocooning.

Pleine Lune de la Contemplation

Les effets de la Pleine Lune de la Contemplation se feront sentir du 4 au 10 janvier.

Cette année, elle se produit le lendemain de l'Épiphanie (célébrée le 6 janvier) et se prête donc idéalement à un rituel en lien avec les offrandes des Rois mages.

VOTRE RITUEL : *Diffusion de myrrhe et encens oliban*

Réalisez un mélange à parts égales d'huiles essentielles de myrrhe et d'encens oliban, qui ont la propriété d'élever l'esprit.

Déposez-en 3 gouttes dans un diffuseur et allumez-le. Allongez-vous ensuite à côté de celui-ci et déposez un lapis-lazuli sur votre front, entre vos yeux : ce cristal est le minéral totem de la Lune de la Contemplation, et correspond en outre au chakra du troisième œil.

Ensuite, concentrez-vous sur les senteurs de myrrhe et d'encens oliban pour méditer en pleine conscience : laissez simplement passer vos pensées en les observant, mais sans y attacher d'importance particulière. Enfin, exprimez votre gratitude à la Pleine Lune, à voix haute ou par la pensée.

Cette Pleine Lune sera une Micro-Lune (voir introduction) : elle se situera à 404 872 km de la Terre à son apogée. Très éloignée, la Lune nous paraîtra plus petite et moins brillante.

JANVIER 2023

LUNDI 9	STE ALIX
MARDI 10	ST GUILLAUME
MERCREDI 11	ST PAULIN
JEUDI 12	STE TATIANA
VENDREDI 13	ST HILAIRE
SAMEDI 14	STE NINA
DIMANCHE 15	ST RÉMI

La Lune cette semaine

Cette semaine, la Lune est dans son dernier quartier, phase transitionnelle avant d'atteindre la Nouvelle Lune la semaine prochaine.

Le lapis-lazuli, pierre du champ des perceptions

Le lapis-lazuli est le minéral totem de la Pleine Lune de la Contemplation qui a eu lieu la semaine dernière, et dont les effets se prolongeront en ce début de semaine (jusqu'au 10 janvier).

Cette gemme est propice à l'introspection. Aussi, les prêtres, magiciens et chamanes de nombreuses cultures l'ont utilisée pour améliorer et renforcer leurs pouvoirs spirituels.

Le lapis-lazuli soutient la clarté et la maturité spirituelles, la sagesse, la compassion, la force mentale, et permet également d'équilibrer les énergies vitales. Il aide à développer une identité centrée sur la spiritualité et une force de volonté. Il éveille la connexion avec notre conscience supérieure. Pierre sacrée des pharaons de l'Égypte antique, le lapis-lazuli y était d'ailleurs considéré comme étant l'âme des dieux, transférant certains dons divins à ceux qui le portaient.

VOTRE RITUEL *avec le lapis-lazuli*

Le lapis-lazuli est particulièrement indiqué en boucles d'oreilles, car il est réputé renforcer la mémoire.

JANVIER 2023

LUNDI 16 — ST MARCEL

MARDI 17 — STE ROSELINE

MERCREDI 18 — STE PRISCA

JEUDI 19 — ST MARIUS

VENDREDI 20 — ST SÉBASTIEN/FABIEN

SAMEDI 21 — STE AGNÈS

Nouvelle Lune

DIMANCHE 22 — ST VINCENT

NOUVEL AN LUNAIRE

La Lune cette semaine

La Nouvelle Lune en Verseau aura lieu le 21 janvier à 21 h 55. Elle dégagera une puissante énergie de transformation qui nous permettra de libérer ce qui nous oppresse et nous empêche d'avancer. Ce sentiment de liberté et de renouveau sera l'occasion rêvée d'éveiller notre créativité et de laisser la voie libre à de nouvelles possibilités.

Nouvelle Lune de la Neige profonde et Nouvel An lunaire

La Nouvelle Lune du 21 janvier sera suivie, le lendemain, par le Nouvel An lunaire qui correspond au Nouvel An chinois. Nous entrerons alors dans l'année du Lapin d'eau : c'est le moment idéal pour entrer en connexion avec l'esprit de Lapin, animal totem qui gouverne cette lunaison.

Lapin trouve la force d'affronter qui il est et ce qui l'attend dans la vie. Il transcende la peur de mourir pour expérimenter la beauté mystérieuse de l'existence. C'est seulement à ce moment-là que l'amour de lui-même et des autres devient une évidence, et qu'il lui devient doux de vivre.

VOTRE RITUEL *de demande à la Nouvelle Lune*

Visualisez un lapin. Faites appel à l'énergie de l'esprit de l'animal et à ses qualités : il nous aide à comprendre la valeur de la communauté et de l'acceptation. Puis, tout en tenant une obsidienne (minéral totem de cette lunaison) dans votre main ou en la posant sur votre corps à même la peau, représentez-vous mentalement vos intentions pour le mois lunaire à venir en les imaginant déjà réalisées.

La Nouvelle Lune du 21 janvier sera une Super Nouvelle Lune (voir introduction) : au périgée de son orbite, elle ne se situera qu'à 363 297 km de la Terre, donc très près de nous.

JANVIER 2023

LUNDI ST BARNARD
23

MARDI ST FRANÇOIS DE SALES
24

MERCREDI CONV. DE ST PAUL
25

JEUDI STE PAULE/PAULINE
26

VENDREDI STE ANGÈLE
27

SAMEDI ST THOMAS D'AQUIN
28

DIMANCHE ST GILDAS
29

La Lune cette semaine

Cette semaine, la Lune est dans son premier quartier, phase transitionnelle avant d'atteindre la Pleine Lune la semaine prochaine.

La Lune et l'agriculture

L'agriculture biodynamique considère que les plantes sont liées au cosmos, c'est-à-dire à toutes les planètes du système solaire. Elle a aussi pour spécificité de prendre particulièrement en compte les cycles lunaires.

De récentes études scientifiques tendent à prouver son bien-fondé : dans un article de l'*European Scientific Journal*, en 2014, les chercheurs ont ainsi mis en évidence que, statistiquement, l'activité lunaire influence de façon significative la germination de haricots mungo en augmentant leur teneur en potassium. Ceci s'explique par les variations du champ magnétique terrestre en fonction des phases lunaires.

En 2018, une autre équipe (de l'*International Journal of Emerging Technology and Advanced Engineering*) précise qu'au cours du cycle lunaire, la première moitié de la Lune croissante et la seconde moitié de la Lune décroissante ont le plus d'effet sur la germination des graines de haricots mungo. Et d'ailleurs, nombre de jardiniers commencent à semer sous serre à ce moment-là !

Le 25 janvier, nous fêtons Artémis, Déesse du Croissant de Lune (voir aussi semaine du 26 juin 2023).

Calendrier lunaire du mois

LUN	30	6	13	nouvelle lune 20	27
MAR	JAN. 31	7	14	21	28
MER	1	8	15	22	MARS 1
JEU	2	9	16	23	2
VEN	3	10	17	24	3
SAM	4	11	18	25	4
DIM	pleine lune 5	12	19	26	5

FÉVRIER 2023

MES NOTES

FÉVRIER 2023

LUNDI
30
JAN.
STE MARTINE

MARDI
31
JAN.
STE MARCELLE

MERCREDI
1ER
STE ELLA

JEUDI
2
ST J. THÉOPHANE

VENDREDI
3
ST BLAISE

SAMEDI
4
STE VÉRONIQUE

DIMANCHE
5
STE AGATHE

Pleine Lune

La Lune cette semaine

La Pleine Lune en Lion aura lieu le 5 février à 19 h 30. Placée dans ce signe, elle sera puissante, libérant de nouvelles énergies qui nous donneront l'envie de nous épanouir et de rassembler les gens. Cette Pleine Lune sera une Micro-Lune puisqu'elle sera à 404 888 km de la Terre.

Fête d'Imbolc

La fête celtique d'Imbolc (1er février) nous annonce l'imminence du retour du printemps avec ses jours chauds et fertiles à venir. D'ailleurs, cette fête marquait pour les Celtes le tout début de la saison printanière (qui arrivera officiellement avec Ostara, le 20 mars), juste avant le franc réveil de la Nature.
Cette période laisse la vie se manifester à nos yeux grâce aux premières fleurs qui sortent de terre : d'abord les perce-neige, puis les jonquilles, tulipes et jacinthes. Cet élan vital ainsi entraperçu nous fait sortir de notre léthargie hivernale avec la certitude que le Soleil va finir par revenir et nous redonner de la vigueur.

La tradition associe la Chandeleur (2 février) à Imbolc : faire sauter les crêpes en tenant une pièce d'or dans la main (deux symboles du disque solaire) est un rite de fécondité par lequel on célèbre également la sortie de l'hiver et le retour du soleil.

VOTRE RITUEL : *Crêpes d'or au curcuma*

Faites des crêpes salées au curcuma pour leur donner une belle couleur jaune d'or. Pour les crêpes sucrées, disposez une pièce en chocolat (sans l'emballage) lorsqu'elles sont encore chaudes afin que le chocolat fonde rapidement.

La Pleine Lune de la Neige profonde du 5 février, dont les effets se feront sentir du 2 au 8 février, sera l'occasion d'un rituel de protection (voir semaine prochaine).

FÉVRIER 2023

LUNDI 6 — ST GASTON

MARDI 7 — STE EUGÉNIE

MERCREDI 8 — STE JACQUELINE

JEUDI 9 — STE APOLLINE

VENDREDI 10 — ST ARNAUD

SAMEDI 11 — N. D. DE LOURDES

DIMANCHE 12 — ST FÉLIX

La Lune cette semaine

La période de lune croissante est un bon moment pour faire appel aux pouvoirs de l'eau : arrosez vos plantes et vos graines, faites des masques et soins hydratants sur votre visage, buvez des tisanes de plantes et des infusions aux épices, etc.

Pleine Lune de la Neige profonde

Les effets de la Pleine Lune de la Neige profonde du 5 février se ressentiront jusqu'au mercredi 8 février.

Sur la Roue de médecine amérindienne *(voir introduction)*, le végétal totem associé à la Direction sacrée de l'hiver (Nord) est le cèdre — qui est en réalité du thuya occidental. Également appelé « Grand-mère Cèdre », cet arbre est considéré comme un cadeau pour l'humanité, du fait de ses nombreux usages bénéfiques.

Utilisé pour la protection et la purification de la maison, il agit en tant qu'Esprit gardien qui chasse les mauvaises entités. Certaines tribus en couvrent le sol des huttes de sudation et en placent au-dessus des portes d'entrée pour protéger leurs maisons.

On en brûle aussi dans le feu sacré lors des cérémonies traditionnelles de Pleine Lune réalisées par les femmes ; on dit de ses crépitements qu'ils attirent l'attention des esprits sur l'offrande en cours.

VOTRE RITUEL : *Fumigation de cèdre*

Faites brûler une branche de thuya occidental lors de votre rituel de Pleine Lune. Dans votre cœur, remerciez l'astre sélène ainsi que Grand-Mère Cèdre pour tout ce qui a été réalisé durant le mois précédent.

FÉVRIER 2023

LUNDI 13 — STE BÉATRICE

MARDI 14 — ST VALENTIN

MERCREDI 15 — ST CLAUDE

JEUDI 16 — STE JULIENNE

VENDREDI 17 — ST ALEXIS

SAMEDI 18 — STE BERNADETTE

DIMANCHE 19 — ST GABIN

La Lune cette semaine

Cette semaine, la Lune est dans son dernier quartier, phase transitionnelle avant d'atteindre la Nouvelle Lune la semaine prochaine.

L'obsidienne, pierre des énergies de la Terre

Revenons sur l'obsidienne, pierre totem de la Lune de la Neige profonde, et que nous avons déjà utilisée lors du rituel de Pleine Lune de la semaine dernière.

C'est tout d'abord une pierre d'ancrage : elle nous aide à nous enraciner dans les énergies de la Terre Mère, nous octroyant ainsi des fondations plus solides sur lesquelles nous pouvons plus facilement construire notre évolution future.

C'est également une puissante pierre de protection : elle amène la clarté au cœur de nos états d'âme et de nos ressentis émotionnels. Lorsqu'on la porte sur soi, elle peut amplifier notre clairvoyance et nous faire ainsi parvenir les pensées des autres, voire nous aider à avoir un aperçu du futur.

VOTRE RITUEL : *Méditation avec l'obsidienne*

Offrez-vous un moment de méditation en tenant une obsidienne au creux de votre main, ou en la posant à même votre peau. Après ce temps de méditation, déposez sur votre cœur, à même la peau, un cristal de roche pour faire venir la lumière, ainsi qu'un quartz rose aux propriétés apaisantes.

FÉVRIER 2023

LUNDI
20
STE AIMÉE
Nouvelle Lune

MARDI
21
ST PIERRE DAMIEN

MERCREDI
22
STE ISABELLE

JEUDI
23
ST LAZARE

VENDREDI
24
ST MODESTE

SAMEDI
25
ST ROMÉO

DIMANCHE
26
ST NESTOR

La Lune cette semaine

La Nouvelle Lune en Poissons aura lieu le 20 février à 8 h 09. Dernière Nouvelle Lune de l'année zodiacale et clôturant l'hiver, elle est le moment idéal pour faire le grand ménage dans nos émotions. L'introspection et le lâcher-prise seront les maîtres mots de cette Nouvelle Lune, afin de nous alléger avant le printemps.

Nouvelle Lune des Vents forts

La Nouvelle Lune des Vents forts du 20 février aura lieu un lundi, jour de la Lune. Le lien spécifique entre ce jour et notre satellite amplifie les effets des rituels réalisés à ce moment-là ***(voir introduction)*****.**

C'est l'occasion d'entrer en connexion avec l'esprit de Scarabée égyptien, qui gouverne cette lunaison. Hautement vénéré dans l'Égypte ancienne, Scarabée est un symbole sacré et mythique de la magie, de l'immortalité, de la résurrection, mais aussi de la transformation, du changement, de la création et du renouveau. C'est un allié puissant pour faire venir la création et la métamorphose dans notre vie. Il nous enseigne aussi à nourrir notre âme et nous aide à nous connecter aux esprits.

VOTRE RITUEL *de demande à la Nouvelle Lune*

Visualisez un scarabée. Faites appel à l'énergie de l'esprit de l'animal et à ses qualités : il nous aide à promouvoir un esprit de transformation. Puis, tout en tenant une azurite (minéral totem de cette lunaison) dans votre main ou en la posant sur votre corps à même la peau, représentez-vous mentalement vos intentions pour le mois lunaire à venir en les imaginant déjà réalisées.

Calendrier lunaire du mois

LUN	27	6	13	20	27
MAR	FÉV. 28	7 *pleine lune*	14	21 *nouvelle lune*	28
MER	1	8	15	22	29
JEU	2	9	16	23	30
VEN	3	10	17	24	31
SAM	4	11	18	25	AVRIL 1
DIM	5	12	19	26	2

MARS 2023

MES NOTES

MARS 2023

LUNDI 27 FÉV.	STE HONORINE
MARDI 28 FÉV.	ST ROMAIN
MERCREDI 1ER	ST AUBIN
JEUDI 2	ST CHARLES LE BON
VENDREDI 3	ST GUÉNOLÉ
SAMEDI 4	ST CASIMIR
DIMANCHE 5	STE OLIVE

La Lune cette semaine

Cette semaine, la Lune est dans son premier quartier, phase transitionnelle avant d'atteindre la Pleine Lune la semaine prochaine.

L'azurite, pierre d'intuition

L'azurite est le minéral totem à la Lune des Vents forts, dont la Pleine Lune aura lieu la semaine prochaine.

Utilisée historiquement par les prêtres, les magiciens et les chamanes, elle leur permettait d'augmenter leurs capacités extra-sensorielles, et de développer leur clairvoyance et leur capacité à voir l'avenir. Stimulant fortement les facultés psychiques et les pouvoirs de guérison, l'azurite améliore les séances de méditation, affine l'intuition et augmente les taux vibratoires.

Elle accompagne la transmutation personnelle, telle la chrysalide qui assure le processus de transformation de la chenille en papillon. Permettant aussi de nous aider à découvrir comment laisser l'obscurité du doute derrière nous, l'azurite nous fait entrer dans la lumière de la connaissance.

VOTRE RITUEL *de révélation à vous-même*

L'azurite est une pierre qui ouvre puissamment le chakra de la gorge ; portez-la en tour de cou pour vous permettre d'exprimer qui vous êtes véritablement.

MARS 2023

LUNDI
6
STE COLETTE

MARDI
7
STE FÉLICITÉ

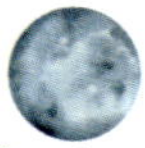
Pleine Lune

MERCREDI
8
ST JEAN DE DIEU

JEUDI
9
STE FRANÇOISE

VENDREDI
10
ST VIVIEN

SAMEDI
11
STE ROSINE

DIMANCHE
12
STE JUSTINE

La Lune cette semaine

La Pleine Lune en Vierge aura lieu le 7 mars à 13 h 42. Dernière Pleine Lune de l'année zodiacale, elle nous aide à contrôler nos émotions et nous pousse à être organisé(e) et méthodique. Ses énergies nous soutiennent pour appréhender la dimension spirituelle de l'être humain.

Pleine Lune des Vents forts

Les effets de la Pleine Lune se feront sentir du 4 au 10 mars. C'est l'occasion de réaliser une huile de soin à la fois apaisante et dynamisante, pour harmoniser votre Féminin sacré en lien avec la Pleine Lune.

VOTRE RITUEL : *Huile harmonisante du Féminin sacré*

La veille (au minimum, mais pas au-delà des 3 jours précédant la Pleine Lune) : dans un petit flacon en verre propre et à col large, mélangez 18 ml d'huile de sésame, 30 gouttes d'absolue de jasmin et 30 gouttes d'essence de bergamote. Ajoutez une petite azurite (pierre totem de cette lunaison), et laissez le tout infuser au moins 24 heures.

Le 7 mars, enduisez vos mains de quelques gouttes de ce mélange et procédez à un automassage, en toute conscience : commencez par vos mains, puis massez votre nuque et le haut de votre dos, et finissez par vos mollets, chevilles et pieds. Massez en profondeur vos points douloureux. Ne vous exposez pas au soleil dans les 6 heures suivant l'application de l'huile (celle-ci est photosensibilisante).

Prononcez quelques mots pour exprimer votre gratitude, comme « Merci, Pleine Lune, pour l'harmonisation de mon Féminin sacré grâce à ton énergie sublimée par ces huiles essentielles. »

MARS 2023

LUNDI
13
ST RODRIGUE

MARDI
14
STE MATHILDE

MERCREDI
15
STE LOUISE

JEUDI
16
STE BÉNÉDICTE

VENDREDI
17
ST PATRICE

SAMEDI
18
ST CYRILLE

DIMANCHE
19
ST JOSEPH

La Lune cette semaine

Cette semaine, la Lune est dans son dernier quartier, phase transitionnelle avant d'atteindre la Nouvelle Lune la semaine prochaine.

Fête d'Ostara et équinoxe de printemps

Ce lundi 20 mars, nous fêtons Ostara, sabbat mineur célébrant les jours et nuits d'égale longueur.

VOTRE RITUEL : *Arbre d'Ostara*

Pour fêter Ostara et le printemps, rien de tel que de créer un arbre de Pâques ! Cette tradition allemande, présente également en Alsace et en Lorraine, consiste à décorer un arbre ou des branches avec des décorations représentant Pâques et le printemps.

Si vous ne disposez pas d'un arbre, prélevez des branches d'environ 50 cm de longueur sur un arbre en plein renouveau printanier : prunelliers en fleur, saules portant des chatons, saules tortueux... et autres végétaux s'éveillant au printemps.

Disposez ces branches dans un vase. Décorez votre arbre ou votre bouquet de branches avec des décorations de saison : œufs colorés avec des végétaux, figurines en forme de poussins, de lapins ou de poules, cloches, jonquilles ou tulipes, voire rubans aux couleurs printanières.

MARS 2023

LUNDI
20
ST HERBERT

MARDI
21
STE CLÉMENCE
Nouvelle Lune

MERCREDI
22
STE LÉA

JEUDI
23
ST VICTORIEN

VENDREDI
24
STE CATHERINE DE SUÈDE

SAMEDI
25
ST HUMBERT

DIMANCHE
26
STE LARISSA

La Lune cette semaine

La Nouvelle Lune en Bélier aura lieu le 21 mars à 18 h 26. Le Bélier étant le premier signe du zodiaque, elle marque le début de l'année zodiacale, qui démarre à l'équinoxe de printemps, célébré avec Ostara. Cette Nouvelle Lune ouvrira le cycle lunaire en réveillant nos énergies avec vigueur et en rechargeant nos batteries jusqu'à la prochaine Nouvelle Lune.

Nouvelle Lune des Nouveaux Bourgeons

La Nouvelle Lune du 21 mars nous invite à entrer en connexion avec l'esprit d'Aigle, gardien de la Direction sacrée du printemps sur la Roue de médecine.

Aigle fait le lien entre la Terre Mère et le Père Ciel. Incarnant la lumière, sans peur et conquérant, il est doté d'une vision claire (voire clairvoyante !) en constante actualisation, tout en étant un guide pour notre esprit intérieur.

VOTRE RITUEL *de demande à la Nouvelle Lune*

Visualisez un aigle. Faites appel à l'énergie de l'esprit de l'animal et à ses qualités : il nous enseigne à faire usage de la force et du pouvoir qui proviennent des visions extra-sensorielles.
Puis, tout en tenant une opale de feu (minéral totem de cette lunaison) au creux de votre main ou posée à même votre peau sur votre corps (par exemple, le troisième œil), représentez-vous mentalement vos intentions pour le mois lunaire à venir en les imaginant déjà réalisées.

MARS 2023

LUNDI 27	ST HABIB
MARDI 28	ST GONTRAN
MERCREDI 29	STE GWLADYS
JEUDI 30	ST AMÉDÉE
VENDREDI 31	ST BENJAMIN
SAMEDI 1ER AVRIL	ST HUGUES
DIMANCHE 02 AVRIL	STE SANDRINE

La Lune cette semaine

Cette semaine, la Lune est dans son premier quartier, phase transitionnelle avant d'atteindre la Pleine Lune la semaine prochaine.

Méditation lunaire avec des pierres

Cette semaine de Lune croissante est le moment idéal pour réaliser une méditation lunaire.

VOTRE RITUEL *de méditation*

Diffusez un fond sonore réalisé pendant la nuit, où l'on entend par exemple des oiseaux nocturnes et du vent dans les arbres. Habillez-vous de blanc, allongez-vous sur une couverture ou un drap blanc.

Commencez par placer une pierre de lune sur votre chakra sacré : elle stimule la féminité, la sensualité, la beauté, l'intuition et la patience. Ensuite, déposez une sélénite sur votre chakra du cœur : elle vous aidera à rétablir l'équilibre énergétique de tout votre corps et installera en vous une sérénité intérieure propice à l'élévation spirituelle et à la méditation. Terminez en posant une angélite sur votre chakra du 3e œil, pour augmenter vos chances de rencontrer des énergies angéliques pendant votre méditation.

Pour faciliter votre accession à un état méditatif, visualisez la Lune et les énergies qui en émanent.

Calendrier lunaire du mois

LUN	27	3	10	17	24
MAR	28	4	11	18	25
MER	29	5	12	19	26
JEU	30	6 *pleine lune*	13	20 *nouvelle lune*	27
VEN	MARS 31	7	14	21	28
SAM	1	8	15	22	29
DIM	2	9	16	23	30

AVRIL 2023
MES NOTES

AVRIL 2023

LUNDI 3 — ST RICHARD

MARDI 4 — ST ISIDORE

MERCREDI 5 — STE IRÈNE

JEUDI 6 — ST MARCELLIN

Pleine Lune

VENDREDI 7 — ST J.-B. DE LA SALLE

SAMEDI 8 — STE JULIE

DIMANCHE 9 — ST GAUTIER

La Lune cette semaine

La Pleine Lune en Balance aura lieu le 6 avril à 6 h 37. Ce signe d'équité, de perfection et de justice nous invite à résoudre certains problèmes de notre passé. Cette Pleine Lune est puissante sur le plan sentimental et nous pousse à prendre des décisions ou à faire le point sur la situation actuelle.

Pleine Lune des Nouveaux Bourgeons

Les effets de la Pleine Lune des Nouveaux Bourgeons couvriront toute cette semaine, du 3 au 9 avril.

Selon certaines traditions amérindiennes, le tabac sacré est le végétal totem associé à la Direction sacrée du printemps (Est) sur la Roue de médecine. Généralement, les Amérindiens ne le fument pas, sauf en des occasions cérémoniales particulières, telles que la prière et la gratitude.

Le tabac est offert au Créateur pour le remercier pour ses présents : nous connectant au monde des esprits, il absorbe nos prières et les emporte vers les plans subtils

VOTRE RITUEL : *Médecine sacrée de la Roue de médecine*

Lors de la Pleine Lune, déposez du tabac au pied d'un arbre, à même la terre, et remerciez pour tout ce qui vous est arrivé de positif dans le mois qui vient de passer. Plusieurs feuilles de tabac attachées entre elles sont un symbole de force dans des temps où l'on en a besoin.

Prononcez quelques mots pour exprimer votre gratitude, comme : « Je t'offre au Créateur, Médecine Sacrée du Tabac, en guise de remerciement pour toutes les belles choses et personnes dans ma vie. »

AVRIL 2023

LUNDI 10 — ST FULBERT

MARDI 11 — ST STANISLAS

MERCREDI 12 — ST JULES

JEUDI 13 — STE IDA

VENDREDI 14 — ST MAXIME

SAMEDI 15 — ST PATERNE

DIMANCHE 16 — ST BENOÎT JOSEPH

La Lune cette semaine

Cette semaine, la Lune est dans son dernier quartier, phase transitionnelle avant d'atteindre la Nouvelle Lune la semaine prochaine.

L'opale de Feu, pierre lunaire et solaire !

L'opale de feu est la pierre totem de la Pleine Lune des Nouveaux Bourgeons, célébrée la semaine dernière.

Cette variété d'opale est depuis longtemps un symbole d'espoir. Elle tire à la fois ses pouvoirs du Soleil, de la Lune et du feu. Porteuse d'une grande énergie, elle nous apprend à maîtriser la puissance de la force de vie pour lutter contre la stagnation.

En nous aidant à visualiser de nouvelles réalités de l'existence, elle nous accompagne vers le nouvel état vibratoire de la Terre. Elle soutient notre vitalité spirituelle et l'ensemble de nos facultés extra-sensorielles.

VOTRE RITUEL *avec l'opale de Feu*

Liée aux sept chakras principaux, l'opale de feu agit néanmoins plus spécifiquement sur le chakra sacré en éveillant notre feu intérieur. Portez-la dans votre poche pour amplifier son action.

AVRIL 2023

LUNDI 17 — ST ANICET

MARDI 18 — ST PARFAIT

MERCREDI 19 — STE EMMA

JEUDI 20 — STE ODETTE

Nouvelle Lune

VENDREDI 21 — ST ANSELME

SAMEDI 22 — ST ALEXANDRE

DIMANCHE 23 — ST GEORGES

La Lune cette semaine

Nouvelle Lune en Taureau aura lieu le 20 avril à 6 h 15. Ce sera le moment idéal pour vous recentrer, faire des projets et prendre du temps rien qu'à vous. Il est temps de consacrer du temps à la reconnexion à soi-même, à ses intuitions et ressentis, tout en ralentissant la cadence.

Nouvelle Lune des Plantations

Cette Nouvelle Lune nous invite à entrer en connexion avec l'esprit de Fourmi, qui gouverne cette lunaison.

Fourmi est une source d'enseignement à propos de la communauté et de la force. Elle est petite, mais forte et capable de porter des objets faisant deux fois sa taille. Elle travaille intensément pour le bien de son nid. Symbolisant la patience, la planification et le don de soi, Fourmi se met au service de l'ensemble de la communauté.

VOTRE RITUEL *de demande à la Nouvelle Lune*

Visualisez une fourmi. Faites appel à l'énergie de l'esprit de l'animal et à ses qualités : il nous enseigne à travailler ardemment sans nous plaindre. Tout en tenant une citrine (minéral totem de cette lunaison) dans votre main ou en la posant sur votre corps à même la peau, représentez-vous mentalement vos intentions pour le mois lunaire à venir en les imaginant déjà réalisées.

CETTE SEMAINE : DÉBUT DE LUNE ROUSSE

La Lune rousse correspond à la lunaison débutant après Pâques (le 9 avril en 2023). Cette année, c est celle des Plantations (du 20 avril au 18 mai 2023). Le terme « rousse » ne fait pas référence à sa couleur mais à celle des jeunes pousses des végétaux qui roussissent sous l effet des gelées tardives.

AVRIL 2023

LUNDI 24 — ST FIDÈLE

MARDI 25 — ST MARC

MERCREDI 26 — STE ALIDA

JEUDI 27 — STE ZITA

VENDREDI 28 — STE VALÉRIE

SAMEDI 29 — STE CATHERINE DE SIENNE

DIMANCHE 30 — ST ROBERT

La Lune cette semaine

Cette semaine, la Lune est dans son premier quartier, phase transitionnelle avant d'atteindre la Pleine Lune la semaine prochaine.

Le saule, arbre de la Lune et de la Féminité

Dans l'astrologie druidique, le mois du saule s'étend du 15 avril au 12 mai, cette semaine de Lune croissante est donc idéale pour vous connecter à son énergie.

Le saule est l'arbre de la Lune, de la femme et de l'eau, élément soumis à l'attraction de la Lune, qu'elle soit externe (les marées) ou interne (liquides extra- et intracellulaires). Il apprécie les lieux humides tels les bords d'étendues ou de cours d'eau, ou les prairies inondées. C'est aussi un remède traditionnel contre les maladies « humides » ; les chimistes en ont extrait la salicyline qui a servi à synthétiser l'aspirine, précieuse en cas de rhumatismes.

Le saule nous soutient dans le respect de notre cycle menstruel et de notre féminité, tout en nous aidant à nous rappeler nos rêves.

VOTRE RITUEL : *Bain d'énergie au saule*

Faites un bain de forêt de saules ou connectez-vous à un saule. Mettez une main sur son tronc et l'autre au niveau de votre chakra sacré (en dessous du nombril). Inspirez et expirez sur 5 temps à chaque fois, en faisant une pause entre chaque mouvement respiratoire, pendant 15 minutes. Terminez en déposant à son pied une offrande à la Lune.

Calendrier lunaire du mois

LUN	1	8	15	22	29
MAR	2	9	16	23	30
MER	3	10	17	24	31
JEU	4	11	18	25	JUIN 1
VEN	5 pleine lune	12	19 nouvelle lune	26	2
SAM	6	13	20	27	3
DIM	7	14	21	28	4

MAI 2023

MES NOTES

MAI 2023

LUNDI
1ER
FÊTE DU TRAVAIL

MARDI
2
ST BORIS

MERCREDI
3
ST JACQUES/PHILIPPE

JEUDI
4
ST SYLVAIN

VENDREDI
5
STE JUDITH

Pleine Lune

SAMEDI
6
STE PRUDENCE

DIMANCHE
7
STE GISÈLE

La Lune cette semaine

La Pleine Lune en Scorpion aura lieu le 5 mai à 19 h 36. Intense, elle nous invite à nous ouvrir aux forces invisibles de l'inconscient et à nous délester du poids du passé. Elle sera doublée d'une éclipse de Lune pénombrale visible au niveau de l'océan Indien, et dont nous ressentirons quand même les énergies bien qu'elle ne sera pas visible dans notre hémisphère.

Pleine Lune des Plantations et fête de Beltane

Les effets de la Pleine Lune des Plantations se feront sentir du 2 au 8 mai. Nous profiterons aussi des énergies de Beltane, fête des fleurs et du feu, qui a lieu le 1er mai.

Pour célébrer la fertilité et la floraison, procurez-vous un plant de muguet, qui symbolise le retour du bonheur et du printemps.

VOTRE RITUEL : *Plant de muguet*

Préparez un peu de terreau et un contenant adapté (sauf si vous prévoyez de le planter en pleine terre). Installez-vous dehors, dans un endroit d'où la Pleine Lune est visible. Si le ciel est dégagé et que vous pouvez voir l'astre céleste, sortez le plant de son godet, tenez-le dans vos mains et connectez-vous mentalement à la Lune.

Projetez dans ce plant votre propre intention de croissance et d'épanouissement. Puis installez-le dans le terreau (ou en pleine terre) et arrosez-le légèrement. Pour amplifier les énergies de la Pleine Lune, vous pouvez déposer une petite pierre de lune dans la terre, près des racines.

Exprimez votre gratitude : *« Je suis empli(e) de gratitude pour toi, Astre sélène, et pour tes rayons qui aideront cette fleur à pousser et à s'épanouir. »*

Beltane a lieu pendant la Lune rousse et marque l'entrée dans la saison estivale. Elle symbolise le retour des beaux jours, célèbre tout ce qui est vivant et (re)naît, mais aussi le passage définitif de la saison sombre à la saison lumineuse.

MAI 2023

LUNDI 8 — VICTOIRE DE 1945

MARDI 9 — ST PACÔME

MERCREDI 10 — STE SOLANGE

JEUDI 11 — STE ESTELLE

VENDREDI 12 — ST ACHILLE

SAMEDI 13 — STE ROLANDE

DIMANCHE 14 — ST MATTHIAS

La Lune cette semaine

Cette semaine, la Lune est dans son dernier quartier, phase transitionnelle avant d'atteindre la Nouvelle Lune la semaine prochaine.

La citrine, cristal de l'énergie positive et solaire

Pierre totem de la Lune des Plantations, la citrine nous aide à affirmer notre volonté et à atteindre nos buts. Elle ne garde jamais en elle d'énergies négatives, mais permet au contraire de les dissiper et les transformer en énergies positives.

Liée au chakra du plexus solaire, la citrine stabilise notre état émotionnel, amplifie notre énergie physique, mentale et spirituelle, diminue le sentiment de peur et augmente notre capacité à nous concentrer. Elle nous encourage à regarder vers l'avenir et nous promet qu'il sera florissant, empli de nouveaux commencements. En nous incitant à sortir de notre carapace pour nous ouvrir au monde extérieur, tout en nous amenant à définir les limites de notre intériorité, la citrine améliore les relations aux autres et l'estime de soi.

VOTRE RITUEL *avec la citrine*

Les praticiens confirmés l'utilisent pour remplir l'aura de lumière : déposez une citrine sur votre lieu de travail, à un endroit où vous pouvez la voir (sur votre bureau ou une étagère proche, par exemple) pour bénéficier de son énergie solaire.

MAI 2023

LUNDI — STE DENISE
15

MARDI — ST HONORÉ
16

MERCREDI — ST PASCAL
17

JEUDI — ST ÉRIC
18

VENDREDI — ST YVES
19

Nouvelle Lune

SAMEDI — ST BERNARDIN
20

DIMANCHE — ST CONSTANTIN
21

La Lune cette semaine

La Nouvelle Lune en Gémeaux aura lieu le 19 mai à 17 h 55. Placée sous le signe de l'amusement et de la vie sociale (traits caractéristiques des Gémeaux), elle nous poussera à sortir avec nos amis, à rencontrer de nouvelles personnes et à entreprendre de nouveaux projets enrichissants dans un élan positif.

Nouvelle Lune des Nouvelles fleurs

La Nouvelle Lune des Nouvelles fleurs invite à entrer en connexion avec l'esprit de Girafe, qui gouverne cette lunaison.

Girafe est l'un des symboles les plus puissants de la beauté et de la grâce, en lien avec le Féminin sacré. Mais c'est aussi un animal fragile et vulnérable. Girafe a un gros cœur, au sens propre (il pèse environ 10 kg !) comme au sens figuré : elle est aimante, douce, non violente et affectueuse. Elle a réussi à s'adapter dans un environnement relativement hostile (la savane africaine), et même si la cohabitation avec les autres animaux est aisée, elle sait s'en détacher pour s'isoler. Girafe nous invite à accepter nos failles et nos faiblesses, en faisant de notre fragilité une force pleine d'amour et de grâce.

VOTRE RITUEL *de demande à la Nouvelle Lune*

Visualisez une girafe. Faites appel à l'énergie de l'esprit de l'animal et à ses qualités. Puis, tout en tenant dans votre main un corail (minéral totem de cette lunaison) ou en le posant à même votre peau, représentez-vous mentalement vos intentions pour le mois lunaire à venir, en les imaginant déjà réalisées.

MAI 2023

LUNDI ST ÉMILE
22

MARDI ST DIDIER
23

MERCREDI ST DONATIEN
24

JEUDI STE SOPHIE
25

VENDREDI ST BÉRENGER
26

SAMEDI ST AUGUSTIN
27

DIMANCHE ST GERMAIN
28

La Lune cette semaine

Cette semaine, la Lune est dans son premier quartier, phase transitionnelle avant d'atteindre la Pleine Lune la semaine prochaine.

Huile de lune précieuse à la rose

La lunaison des Nouvelles fleurs est l'occasion de réaliser une huile de beauté à la rose.

VOTRE RITUEL

Cueillez des pétales de rose odorante (rose de mai, rose de Damas ou autre variété) non traitée. Remplissez-en un bocal propre et sec, sans tasser. Ajoutez de l'huile végétale de rose musquée jusqu'à recouvrir tous les pétales.

Durant la 1re semaine, ne refermez pas le bocal hermétiquement : couvrez-le juste d'un carré de gaze fixé avec un élastique, pour permettre à l'eau des pétales de s'évaporer et éviter toute moisissure. Conservez dans un lieu chaud, mais pas en plein soleil.

Au bout d'1 semaine, refermez-le avec son couvercle ; chaque jour, surveillez l'évolution et retournez le bocal délicatement plusieurs fois ; tête à l'envers, puis à l'endroit, pour mélanger le contenu. Au bout de 3 semaines, filtrez et mettez en bouteille.

Utilisez cette huile précieuse en soin raffermissant et revitalisant du visage, à appliquer le soir après avoir nettoyé le visage avec l'hydrolat de rose centifolia.

Pendant le soin, connectez-vous à l'Esprit de la Rose et remerciez-la pour tous ses bienfaits.

Lors de la Super Lune du 4 juin, placez le bocal dehors pour que les rayons lunaires amplifient les effets bénéfiques de l'huile.

Calendrier lunaire du mois

JUIN 2023

MES NOTES

JUIN 2023

LUNDI
29
ST AYMAR

MARDI
30
ST FERDINAND

MERCREDI
31
VISITATION

JEUDI
1ER
ST JUSTIN

VENDREDI
2
STE BLANDINE

SAMEDI
3
ST KÉVIN

DIMANCHE
4
STE CLOTILDE

Pleine Lune

La Lune cette semaine

La Pleine Lune en Sagittaire aura lieu le 4 juin à 5 h 43. Cette Super Lune sera très puissante, symbole de prospérité et d'abondance. Elle amplifiera les émotions, la créativité, les envies de nouveauté, de voyage... Empreinte de spiritualité, elle favorisera la communication avec les mondes invisibles. Synchronicités, répétition de chiffres, objets à des endroits inattendus... seront autant de signes à prendre en compte de la part des mondes subtils !

Pleine Lune des Nouvelles Fleurs et Midsommar

Les effets de la Pleine Lune des Nouvelles fleurs se feront sentir du 1er au 7 juin. Profitez de la multitude de fleurs sauvages qui poussent à cette période pour réaliser une généreuse couronne de fleurs selon la tradition encore très vivante de la fête de Midsommar en Suède.

VOTRE RITUEL : *Couronne fleurie de Midsommar*

Réalisez la structure : enroulez sur elle-même une grande tige ou une branche souple (comme du lierre ou du saule) afin qu'elle épouse le diamètre de votre tête. Veillez à ce qu'il n'y ait pas trop de feuilles.

Pour les grosses fleurs, à la tige longue et souple, gardez 10 cm de tige et piquez-la dans la structure de la couronne. Pour les fleurs plus petites ou fragiles, réalisez de petits bouquets, nouez-les avec un fil et coupez les tiges à 3 cm de longueur. Fixez-les avec du ruban de masquage, du washi tape (scotch papier japonais) ou du raphia. Alternez fleurs et mini-bouquets de façon équilibrée, en suivant toujours la même direction pour que toutes les tiges soient masquées par des fleurs. Pour finir, nouez à la couronne un ruban de la couleur de votre choix.

Tout en réalisant cette couronne, soyez ancré(e) et dans le moment présent.

Midsommar est une fête scandinave populaire et familiale encore très vivante que l'on célèbre tous les ans au Solstice d'été.

JUIN 2023

LUNDI ST IGOR
5

MARDI ST NORBERT
6

MERCREDI ST GILBERT
7

JEUDI ST MÉDARD
8

VENDREDI STE DIANE
9

SAMEDI ST LANDRY
10

DIMANCHE ST BARNABÉ
11

La Lune cette semaine

Cette semaine, la Lune est dans son dernier quartier, phase transitionnelle avant d'atteindre la Nouvelle Lune la semaine prochaine.

Le corail, pierre de fertilité

Le corail est le minéral totem en lien avec la Lune des Nouvelles Fleurs. Cette « pierre » est riche en ions négatifs, comme l'océan dont elle provient, et est donc très efficace pour équilibrer et fluidifier l'énergie vitale, calmer les trop-pleins émotionnels et bannir la négativité. « Pierre » de fertilité, de sagesse et de diplomatie, elle harmonise les forces créatrices à l'œuvre autour de nous.

Elle est particulièrement utile pour ne pas se laisser affecter par les problèmes ou les états émotionnels d'autrui, surtout pour les thérapeutes, les travailleurs sociaux ou les personnes trop attachées au jugement d'autrui.

La pierre de Petoskey

La récolte de corail mettant en danger les écosystèmes marins, il est préférable d'éviter désormais de s'en procurer. Préférez-lui la pierre de Petoskey, galet contenant des fragments de calcaire et des fossiles de coraux, et présentant les mêmes propriétés.

JUIN 2023

LUNDI 12 — ST GUY

MARDI 13 — ST ANTOINE

MERCREDI 14 — STE ÉLISÉE

JEUDI 15 — STE GERMAINE

VENDREDI 16 — ST J.-F. RÉGIS

SAMEDI 17 — ST HERVÉ

DIMANCHE 18 — ST LÉONCE

Nouvelle Lune

La Lune cette semaine

La Nouvelle Lune en Cancer aura lieu le 18 juin à 6 h 39. Ce signe étant lié aux émotions, aux instincts et à l'intuition, vous serez particulièrement connecté(e) à ceux que vous aimez. Favorisez les routines qui augmentent votre paix intérieure. Soyez à l'écoute de vous-même pour savoir si, à l'image du crabe (symbole du signe du Cancer), vous devez préférer l'attaque ou la fuite !

Nouvelle Lune du Soleil brûlant

Cette Nouvelle Lune invite à entrer en connexion avec l'esprit de Raton Laveur, qui gouverne cette lunaison.

Raton Laveur, très habile de ses pattes avant, véhicule souvent l'image négative d'un animal voleur et pilleur de poubelles, fuyant les humains. Pourtant, cet ingénieux chapardeur est un animal plein de ressources et de dextérité, ainsi qu'un esprit inventif qui trouve des solutions aux problèmes masqués. Il peut ainsi nous aider à nous extirper d'une situation de chaos et à résoudre des problèmes complexes. Il nous apprend à nous adapter en toute circonstance, à regarder la situation dans son ensemble et avec du recul.

VOTRE RITUEL *de demande à la Nouvelle Lune*

Visualisez un raton laveur. Faites appel à l'énergie de l'esprit de l'animal et à ses qualités : empli de joie de vivre, il nous aide à voir ce qui se passe derrière les masques. Ce faisant, tout en tenant un quartz rose dans votre main ou en le portant à même la peau, représentez-vous mentalement vos intentions pour le mois lunaire à venir en les imaginant déjà réalisées.

JUIN 2023

LUNDI
19
ST ROMUALD

MARDI
20
ST SILVÈRE

MERCREDI
21
ST RODOLPHE

JEUDI
22
ST ALBAN

VENDREDI
23
STE AUDREY

SAMEDI
24
ST JEAN-BAPTISTE

DIMANCHE
25
ST PROSPER

La Lune cette semaine

Cette semaine, la Lune est dans son premier quartier, phase transitionnelle avant d'atteindre la Pleine Lune le 3 juillet.

Litha, sabbat mineur et fête du solstice d'été

Le 21 juin, nous célébrons Litha. Ce sabbat mineur honore le solstice d'été, ce moment de l'année où le Soleil est à son apogée dans le ciel et les jours les plus longs.

VOTRE RITUEL : *Talisman de protection*

Quelques jours avant Litha : confectionnez un talisman de protection que vous consacrerez grâce au feu lors de la fête de Litha. Procurez-vous une petite pochette en organza blanc et dessinez-y ou cousez-y en doré le symbole de l'œil de la Providence. Placez-y du basilic, du millepertuis et des rondelles de citron séché, végétaux attirant la protection et l'abondance matérielle comme spirituelle..

Le 21 juin : invitez quelques ami(e)s pour partager le feu joyeux et purificateur de Litha. Passez votre talisman au-dessus des flammes en visualisant sa purification et sa sacralisation. Dansez ensuite autour du feu pour profiter de l'énergie protectrice de celui-ci et du Soleil ! Si vous ne pouvez pas avoir accès à un feu en extérieur, consacrez votre talisman au-dessus de la flamme d'une bougie en procédant de même pour le reste du rituel.

Litha est une fête pleine de joie, dédiée à l'abondance et à la fertilité ; on y prépare traditionnellement des feux de joie au-dessus desquels il est coutume de sauter (tout comme à la Saint-Jean, qui se fête le 24 juin).

JUIN 2023

LUNDI
26
ST ANTHELME

MARDI
27
ST FERNAND

MERCREDI
28
ST IRÉNÉE

JEUDI
29
ST PIERRE, ST PAUL

VENDREDI
30
ST MARTIAL

SAMEDI
1ER
JUIL.
ST THIERRY

DIMANCHE
2
JUIL.
ST MARTINIEN

La Lune cette semaine

Cette semaine, la Lune est dans son premier quartier, phase transitionnelle avant d'atteindre la Pleine Lune la semaine prochaine.

Déesses et dieux de la Lune

La Lune a été personnifiée en déesses par de nombreux peuples et civilisations. La plus connue est la triade lunaire de la mythologie grecque, constituée de **Séléné** (fêtée le 17 octobre), déesse de la Pleine Lune, d'**Artémis**, déesse de la Lune en croissant (fêtée le 25 janvier) et d'**Hécate** (fêtée le 30 novembre), déesse de la Nouvelle Lune.

Parmi les autres déités de la Lune, **Ishtar**, une déesse mésopotamienne et assyrienne, est la fille du dieu de la Lune ; elle représente la Pleine Lune, tout comme son aspect positif et fécond. Citons également **Mama Quilla** (Mère Lune), principale divinité féminine du panthéon inca, déesse de la Lune et protectrice des femmes mariées : elle était honorée par ses propres prêtresses dans des temples qui lui étaient dédiés.

Si, classiquement, la Lune est représentée par une déesse féminine, elle est parfois personnifiée via une figure masculine. L'exemple le plus connu est **Khonsou**, dieu de la Lune de l'Égypte ancienne, représenté coiffé du disque lunaire sur un croissant de Lune. **Máni**, dans la mythologie nordique, est quant à lui le dieu de la Lune, frère de Sol, la déesse du Soleil.

Calendrier lunaire du mois

LUN	26	3 (pleine lune)	10	17 (nouvelle lune)	24
MAR	27	4	11	18	25
MER	28	5	12	19	26
JEU	29	6	13	20	27
VEN	JUIN 30	7	14	21	28
SAM	1	8	15	22	29
DIM	2	9	16	23	30

JUILLET 2023

1

MES NOTES

JUILLET 2023

LUNDI 3 — ST THOMAS

Pleine Lune

MARDI 4 — ST FLORENT

MERCREDI 5 — ST ANTOINE-MARIE

JEUDI 6 — STE MARIETTE

VENDREDI 7 — ST RAOUL

SAMEDI 8 — ST THIBAUT

DIMANCHE 9 — STE AMANDINE

La Lune cette semaine

La Pleine Lune en Capricorne aura lieu le 3 juillet à 13 h 40. Des énergies de conclusion et de recommencement vont alors se croiser : n'hésitez pas à entreprendre plusieurs projets à la fois, ils seront couronnés de succès ! Faites le point sur vos objectifs de vie. Accueillez les nouvelles opportunités en gardant à l'esprit vos souhaits de réalisation personnelle.

Super Lune du Soleil brûlant

Ses effets se feront sentir du 30 juin au 6 juillet.

Le foin d'odeur est le végétal associé à la Direction sacrée de l'été (Sud) sur la Roue de médecine amérindienne. Lorsque l'on marche sur cette graminée, elle ploie, mais ne rompt pas, et nous apprend donc à nous assouplir tout en restant nous-même. En séchant, il exhale une douce odeur vanillée rappelant ses qualités symboliques : la gentillesse, la bonté et l'amour de notre Terre Mère pour tous les êtres qu'elle porte. La chevelure sacrée de cette dernière est souvent symbolisée par une tresse de trois fagots de brins de foin d'odeur représentant le corps, l'esprit et l'âme de l'humain.

Presque toutes les tribus amérindiennes l'utilisent pour le nettoyage énergétique rituel : après avoir chassé les énergies négatives à la sauge blanche, on brûle une tresse de foin d'odeur pour appeler les énergies positives,

VOTRE RITUEL : *Tresse protectrice de foin d odeur*

Avec un ruban rouge (couleur du Sud sur la Roue de médecine), suspendez une tresse de foin d'odeur au-dessus de votre porte d'entrée, en guise de protection contre le négatif. Exprimez votre gratitude avec vos mots, par exemple :

« Merci Terre Mère pour ta chevelure bienfaitrice ; qu'elle protège ma maison de tout ce qui est négatif, et ne laisse entrer que le positif. »

JUILLET 2023

LUNDI 10 — ST ULRICH

MARDI 11 — ST BENOÎT

MERCREDI 12 — ST OLIVIER

JEUDI 13 — ST HENRI, ST JOËL

VENDREDI 14 — ST CAMILLE

SAMEDI 15 — ST DONALD

DIMANCHE 16 — NOTRE-DAME DU MONT-CARMEL

La Lune cette semaine

Cette semaine, la Lune est dans son dernier quartier, phase transitionnelle avant d'atteindre la Nouvelle Lune la semaine prochaine.

Le quartz rose, pierre de l'amour

Le quartz rose est le minéral de la Lune du Soleil brûlant.

C'est la pierre de l'amour inconditionnel de soi et des autres, de la générosité et du chakra du cœur. Il permet de gérer les crises, la colère et les peurs par leur transmutation en compréhension et en pardon. Il possède des vertus calmantes contre les peines de cœur (ruptures, trahisons, deuils...) et aide à guérir les blessures émotionnelles par la libération des émotions, en particulier celles qui datent de l'enfance, ou celles vécues par un enfant. Promoteur de renouveau, il est aussi parfait pour soutenir l'énergie féminine et amplifier la créativité artistique.

VOTRE RITUEL : *Eau d'amour au quartz rose*

Le quartz rose se recharge à la Lune : après l'avoir nettoyé avec intention et conscience (sous l'eau courante ou dans la fumée), laissez-le en extérieur, à la lumière de la Lune, toute la nuit.

Il est très intéressant à utiliser en immersion dans l'eau de boisson pour lui conférer sérénité, douceur et amour. Dans une carafe d'eau, placez un gros quartz rose (en forme de cœur si possible) préalablement nettoyé, avec l'intention qu'elle apporte douceur et amour à toute personne qui la boit.

JUILLET 2023

LUNDI 17	STE CHARLOTTE Nouvelle Lune
MARDI 18	ST FRÉDÉRIC
MERCREDI 19	ST ARSÈNE
JEUDI 20	STE MARINA
VENDREDI 21	ST VICTOR
SAMEDI 22	STE MARIE-MADELEINE
DIMANCHE 23	STE BRIGITTE

La Lune cette semaine

La Nouvelle Lune en Cancer aura lieu le 17 juillet à 20 h 33. Liée à l'attachement à nos racines, à notre foyer, à notre famille, aux sentiments de sécurité et d'affection, elle est l'occasion de passer de bons moments avec ses proches. Cette Lune annonce un mois très équilibré entre notre vie physique et notre vie spirituelle et émotionnelle.

Nouvelle Lune des Vents chauds

Cette Nouvelle Lune invite à entrer en connexion avec l'esprit d'Alligator, qui gouverne cette lunaison.

Alligator représente l'énergie primale reptilienne emplie de fougue et de force créatrice déchaînée. Gardien et protecteur de toute la connaissance du monde depuis ses tout débuts, il nous incite à « faire la chasse » à toutes les opportunités possibles dans notre vie pour acquérir de nouvelles connaissances et sagesses. Il représente la fin d'un chapitre dans notre vie, et le début d'un nouveau, annonçant une période de croissance et de régénération. Mais surtout, il nous enjoint à nous ménager et à nous laisser suffisamment de temps durant cette période de transition, pour intégrer tous les changements et préserver notre équilibre.

VOTRE RITUEL *de demande à la Nouvelle Lune*

Visualisez un alligator. Faites appel à l'énergie de l'esprit de l'animal et à ses qualités : Alligator gagne en force intérieure dans les périodes de changement. Puis, tout en tenant dans votre main une cornaline (minéral totem de cette lunaison) ou en la posant à même votre peau, représentez-vous mentalement vos intentions pour le cycle lunaire à venir, en les imaginant déjà réalisées.

JUILLET 2023

LUNDI 24 — STE CHRISTINE

MARDI 25 — ST JACQUES LE MAJEUR

MERCREDI 26 — STE ANNE/JOACHIM

JEUDI 27 — STE NATHALIE

VENDREDI 28 — ST SAMSON

SAMEDI 29 — STE MARTHE

DIMANCHE 30 — STE JULIETTE

La Lune cette semaine

Cette semaine, la Lune est dans son premier quartier, phase transitionnelle avant d'atteindre la Pleine Lune la semaine prochaine.

Des arbres de Lune

Connaissez-vous les arbres lunaires ? Ce sont des arbres singuliers obtenus par germination de graines ayant fait l'aller-retour sur la Lune lors de la mission Apollo 14 en 1971 ! Ils ont été plantés de façon disséminée sur l'ensemble des États-Unis, mais aussi au Brésil. Ils sont aujourd'hui référencés sur le site regroupant les archives de la NASA. Sur 500 graines au départ, environ 70 sycomores, pins taeda, sapins de Douglas et autres espèces sont toujours vivants. Hélas, peu d'études botaniques ont été réalisées ; aucune information n'est disponible à ce jour sur l'effet de ce voyage céleste des graines sur la physiologie des arbres adultes obtenus.

VOTRE RITUEL : *connexion triangulaire avec les arbres et la Lune*

La Lune croissante est le moment idéal pour vous connecter à un arbre et à la Lune en même temps. Profitez d'une belle nuit d'été pour trouver l'arbre qui vous convient. Après une méditation d'ancrage, connectez-vous à lui en posant l'une de vos mains sur son tronc. Mettez l'autre main paume vers le haut en direction de la Lune. Visualisez et ressentez cette triangulation énergétique entre l'arbre, la Lune et vous. Remerciez-les pour ce beau moment d'échanges.

Calendrier lunaire du mois

LUN	JUIL 31	7	14	21	28
MAR	1 pleine lune	8	15	22	29
MER	2	9	16 nouvelle lune	23	30
JEU	3	10	17	24	31 pleine lune
VEN	4	11	18	25	SEPT. 1
SAM	5	12	19	26	2
DIM	6	13	20	27	3

AOÛT 2023

MES NOTES

AOÛT 2023

LUNDI ST IGNACE DE LOYOLA
31
JUIL.

MARDI ST ALPHONSE
1ER

Pleine Lune

MERCREDI ST JULIEN
2

JEUDI STE LYDIE
3

VENDREDI ST J.-M. VIANNEY
4

SAMEDI ST ABEL
5

DIMANCHE ST OCTAVIEN
6

La Lune cette semaine

La Pleine Lune en Verseau aura lieu le 1er août à 20 h 33. Ce sera une Super Lune, car elle se trouvera à 363 815 km de la Terre. C'est le moment idéal pour se mettre dans un état d'esprit en adéquation avec les vacances : faites une pause, lâchez prise sur les soucis qui vous tracassent, et consacrez-vous à votre famille.

Super Lune des Vents chauds et fête de Lughnasadh

Ce mois d'août nous gâte, en nous offrant deux Super Pleines Lunes. La première a lieu dès ce 1er août. Ce jour est aussi celui du sabbat mineur Lughnasadh, fête celtique de l'abondance et de la prospérité.

VOTRE RITUEL : *Nettoyage et rechargement énergétique*

Rassemblez vos objets rituels (pierres et cristaux — dont bijoux, pendules —, bols tibétains, outils chamaniques, mais également huiles essentielles,

1. **Le nettoyage énergétique.** Effectuez une fumigation de sauge blanche (allumez le bâton et passez tous vos objets dans sa fumée) ou enfouissez-les entre les racines d'un arbre ou d'une plante, en contact direct avec la terre (si vos objets le permettent) pendant 24 heures. Le bol chantant tibétain convient aussi aux petits objets : placez-les dans le bol et faites-le « chanter » (vibrer) avec la mailloche assortie. *Soyez à l'écoute de votre ressenti car c'est lui qui vous dira quand vos objets seront nettoyés.*

2. **Le rechargement** : exposez vos objets nettoyés à la lumière de la Pleine Lune, en extérieur sous abri ou derrière une fenêtre, toute la nuit. Cela fonctionne même si le ciel est nuageux.

Le 1er août, à Lughnasadh, organisez un grand banquet estival à la lumière lunaire avec famille et amis pour célébrer l'abondance offerte par Mère Nature.

AOÛT 2023

LUNDI 7 — ST GAÉTAN

MARDI 8 — ST DOMINIQUE

MERCREDI 9 — ST AMOUR

JEUDI 10 — ST LAURENT

VENDREDI 11 — STE CLAIRE

SAMEDI 12 — STE J.-F. DE CHANTAL

DIMANCHE 13 — ST HIPPOLYTE

La Lune cette semaine

Cette semaine, la Lune est dans son dernier quartier, phase transitionnelle avant d'atteindre la Nouvelle Lune la semaine prochaine.

La cornaline, cristal de la stabilité

La cornaline est le minéral totem de cette lunaison.

Cette agate rouge orangé est liée au chakra sacré mais également à celui du cœur. Par l'énergie de feu qu'elle dégage, elle est réconfortante, encourageante, stabilisante et stimule de celui qui la porte. Portée à même la peau, elle soutient la guérison et l'équilibre émotionnel. Elle est idéale lorsqu'on doit faire un discours, car elle soutient l'inspiration, la mémorisation, l'estime de soi et le pouvoir personnel. Protectrice, elle évite les intrusions télépathiques dans vos pensées. Elle aide à comprendre les raisons émotionnelles entraînant certaines affections psychosomatiques.

VOTRE RITUEL : *Élixir d'ancrage dans le présent*

Réalisez un élixir, c'est-à-dire une eau de gemme stabilisée à l'alcool) : procédez comme pour l'élixir de quartz rose de la semaine du 10 juillet, en ajoutant un alcool à titre de conservateur (par exemple 3/4 d'eau de gemme et 1/4 de brandy).

Cet élixir vous amènera flexibilité mentale et émotionnelle, et vous aidera à mieux vous ancrer dans le présent et dans le monde tangible. Elle est idéale quand on travaille en équipe ou en cas d'événement à haute charge émotionnelle. Buvez-le par cure de 21 jours (à raison de 30 gouttes le soir, tous les jours sauf le dimanche).

AOÛT 2023

LUNDI 14 — ST ÉVRARD

MARDI 15 — ASSOMPTION

MERCREDI 16 — ST ARMEL

Nouvelle Lune

JEUDI 17 — ST HYACINTHE

VENDREDI 18 — STE HÉLÈNE

SAMEDI 19 — ST JEAN-EUDES

DIMANCHE 20 — ST BERNARD

La Lune cette semaine

La Nouvelle Lune en Lion aura lieu le 16 août à 11 h 38. Cette Lune incite à nous recentrer sur nous-même, dans l'énergie et l'enthousiasme, car le Lion incarne la puissance. Vous vous sentirez empli(e) de fierté et dans le besoin de tout contrôler : gardez en tête que justement, nous ne pouvons pas tout maîtriser !

Nouvelle Lune bleue

Cette Nouvelle Lune bleue *(voir introduction)* nous invite à entrer en connexion avec l'esprit de Coyote, qui gouverne cette lunaison.

Coyote, l'éternel farceur, est le symbole de la Lune bleue. Il est un animal de contradictions et l'une des figures centrales des mythes amérindiens dans lesquels il crée et détruit le monde simultanément. Il est parfois le héros, et parfois son contraire, à la fois un joyeux drille et un sage guérisseur. Lorsqu'il est présent, on ne peut savoir à quoi s'attendre, car il est tout à fait capable de retourner le monde sens dessus dessous. Il nous enseigne à profiter pleinement du moment présent en restant toujours préparé à l'inattendu.

VOTRE RITUEL *de demande à la Nouvelle Lune*

Visualisez un coyote. Faites appel à l'énergie de l'esprit de l'animal et à ses qualités : il est facétieux et sage à la fois. Puis, allumez une bougie bleue en prenant dans votre main une pyrite (minéral totem de cette lunaison) ou en la posant à même votre peau, tout en vous représentant mentalement vos intentions pour le cycle lunaire à venir, en les imaginant déjà réalisées.

AOÛT 2023

LUNDI 21 — ST CHRISTOPHE

MARDI 22 — ST FABRICE

MERCREDI 23 — STE ROSE

JEUDI 24 — ST BARTHÉLEMY

VENDREDI 25 — ST LOUIS

SAMEDI 26 — STE NATACHA

DIMANCHE 27 — STE MONIQUE

La Lune cette semaine

Cette semaine, la Lune est dans son premier quartier, phase transitionnelle avant d'atteindre la Pleine Lune la semaine prochaine.

La pyrite, associé aux 7 chakras

La pyrite, ou l'or des fous, est la pierre de la Lune bleue.

Elle ressemble à l'or, mais est totalement différente. L'or est mou, malléable, précieux ; la pyrite est dure, tranchante, de peu de valeur. Sa couleur dorée la lie au chakra du plexus solaire, mais elle fait vibrer l'ensemble des chakras ; cette polyvalence lui permet de remplacer de nombreux cristaux.

Elle est très efficace pour nous libérer de nos blocages émotionnels. En ouvrant notre champ de conscience, elle nous porte à un état de conscience modifiée et nous fait accéder à des réalités différentes, non ordinaires. Nous pouvons « voyager » dans les plans non matériels, uniquement vibratoires. Elle nous permet de relier ainsi entre eux les plans matériels visibles et les plans subtils, invisibles à nos yeux physiques, dans lesquels nous pouvons « travailler ».

VOTRE RITUEL : *Voyage chamanique*

Choisissez sur Internet un enregistrement audio de voyage chamanique au tambour (avec ou sans chant). Allongez-vous dans un lieu tranquille et plutôt sombre. Placez une pyrite sur votre 3ᵉ œil (entre vos deux yeux physiques) et laissez les vibrations sonores vous emmener en voyage dans les mondes subtils. Au retour, notez ou dessinez ce que vous avez vu, entendu ou ressenti. Vous pouvez aussi diffuser de l'huile essentielle d'encens oliban.

On peut aussi trouver de la pyrite intégrée à d'autres cristaux (par exemple du cristal de roche, de la turquoise ou de la rhodochrosite avec des inclusions de pyrite).

AOÛT 2023

LUNDI
28
ST AUGUSTIN

MARDI
29
STE SABINE

MERCREDI
30
ST FIACRE

JEUDI
31
ST ARISTIDE

Pleine Lune

VENDREDI
1ER
SEPT.
ST GILLES

SAMEDI
2
SEPT.
STE INGRID

DIMANCHE
3
SEPT.
ST GRÉGOIRE

La Lune cette semaine

La Pleine Lune en Poisson aura lieu à 3 h 37, le 31 août. Le Poisson étant un signe d'une grande sensibilité, cette Lune pourra appuyer sur des émotions encore douloureuses et sur des états d'âme encore à vif : ce faisant, elle nous invite à les exprimer et à travailler dessus pour les guérir en profondeur. Elle nous permettra aussi de reprendre les rênes de notre souveraineté intérieure.

Super Lune bleue

La Pleine Lune du 31 août sera spéciale : elle sera la seconde Pleine Lune et seconde Super Lune du mois d'août. Elle sera aussi la treizième Pleine Lune de l'année, donc une Super Lune bleue ou Lune de Transformation *(voir introduction)*. Elle amplifiera les qualités de la Super Lune des Vents chauds du 1er août.

Le chardon est le végétal totem de la Lune bleue. Ses épines acérées piquent sévèrement l'imprudent qui y a posé sa main : les multiples bienfaits de cette plante se cachent donc derrière un système de défense très efficace ! Mais si vous réussissez à franchir ses défenses, le chardon pourra vous aider à comprendre les différents niveaux de réalité.

VOTRE RITUEL : *Infusion de semences de chardon-marie*

Si possible, placez-vous en contact visuel direct avec la Pleine Lune.

Outre de sa fonction rituelle, cette infusion aura des vertus médicinales, dont digestives. Dans 25 cl d'eau frémissante, faites infuser 1/2 cuil. à café de graines de chardon-marie pendant 10 minutes, à couvert. Filtrez avant de consommer.

Avec vos mots, remerciez Dame Lune pour les vœux que vous aviez faits lors de la Nouvelle Lune et qui se sont réalisés. Ressentez la gratitude dans votre chakra du cœur, siège de l'âme.

Une Pleine Lune est dite « Super Lune » quand la position de l'astre est au périgée de son orbite : la Lune est au plus près de la Terre et paraît donc plus grosse. La Super Lune de ce 31 août se situera à 363 667 km.

Calendrier lunaire du mois

LUN	28	4	11	18	25
MAR	29	5	12	19	26
MER	30	6	13	20	27
JEU	AOÛT 31	7	14	21	28
VEN	1	8	nouvelle lune 15	22	pleine lune 29
SAM	2	9	16	23	30
DIM	3	10	17	24	OCT. 1

SEPTEMBRE 2023

MES NOTES

SEPTEMBRE 2023

LUNDI STE ROSALIE
4

MARDI STE RAÏSSA
5

MERCREDI ST BERTRAND
6

JEUDI STE REINE
7

VENDREDI ST ADRIEN
8

SAMEDI ST ALAIN
9

DIMANCHE STE INÈS
10

La Lune cette semaine

Cette semaine, la Lune est dans son dernier quartier, phase transitionnelle avant d'atteindre la Nouvelle Lune la semaine prochaine.

La fluorite, pierre d'intégration

La fluorite (ou fluorine) est la pierre totem de la Lune des Moissons.

Capable d'entrer en fusion, elle sert d'adjuvant pour fondre les minerais en abaissant leur point de fusion pour améliorer leur fluidité. Son nom vient d'ailleurs du latin *fluere*, qui signifie « s'écouler ».

Cette aptitude à se transformer et à « se fondre » dans d'autres matières est l'enseignement de la fluorite : elle se transcende pour devenir quelque chose de plus grand qu'elle-même. Par extension, elle nous aide à sortir de nos propres limitations, et à intégrer cette information pour transcender celui ou celle que nous sommes ici et maintenant, afin de nous donner une nouvelle perspective. Ainsi, elle libère de la stagnation, tout en soutenant la guérison, l'équilibre, l'expansion et l'unité universelle. Liée au 3e œil, elle aide à focaliser son esprit et favorise la concentration.

VOTRE RITUEL *de méditation avec la fluorite*

Allongez-vous pour méditer et posez une fluorite sur chacun de vos sept chakras ; cela permettra de stabiliser la structure, le positionnement et le rayonnement de votre aura.

SEPTEMBRE 2023

LUNDI 11	ST ADELPHE
MARDI 12	ST APOLLINAIRE
MERCREDI 13	ST AIMÉ
JEUDI 14	ST MATERNE
VENDREDI 15	ST ROLAND Nouvelle Lune
SAMEDI 16	STE ÉDITH
DIMANCHE 17	ST RENAUD

La Lune cette semaine

La Nouvelle Lune en Balance aura lieu le 15 septembre à 3 h 40. Ce sera un temps de recherche d'équilibre dans toutes vos relations : c'est le bon moment pour rompre avec ceux qui font de votre vie un enfer, ou du moins de redéfinir les bases de vos relations pour que chacun se sente à l'aise.

Nouvelle Lune des Moissons

La Nouvelle Lune du 15 septembre nous invite à entrer en connexion avec l'esprit d'Abeille, qui gouverne cette lunaison.

Abeille symbolise la vie et la fertilité, ainsi que le dur labeur : extrêmement travailleuse, elle se dédie de tout son être à son but, et continuera à travailler avec acharnement jusqu'à ce qu'il soit réalisé. Elle nous fait comprendre que tous les êtres peuvent coexister ensemble, dans l'amour et la paix. Abeille nous enseigne aussi à croire à l'accomplissement de choses qui nous paraissent impossibles, par un travail constant et intense, dans la persévérance, la prospérité et la générosité. Elle nous invite à observer nos niveaux de productivité : en faisons-nous trop ou, au contraire, pas assez ?

VOTRE RITUEL *de demande à la Nouvelle Lune*

Visualisez une abeille. Faites appel à l'énergie de l'esprit de l'animal et à ses qualités, qui sont la dévotion, le contentement, le dur labeur et le travail d'équipe. Puis, tout en tenant dans votre main une fluorite (minéral totem de cette lunaison) ou en la posant à même votre peau, représentez-vous mentalement vos intentions pour le mois lunaire à venir, en les imaginant déjà réalisées.

SEPTEMBRE 2023

LUNDI 18	STE NADÈGE
MARDI 19	STE ÉMILIE
MERCREDI 20	ST DAVY
JEUDI 21	ST MATTHIEU
VENDREDI 22	ST MAURICE
SAMEDI 23	ST CONSTANT
DIMANCHE 24	STE THÈCLE

La Lune cette semaine

Cette semaine, la Lune est dans son premier quartier, phase transitionnelle avant d'atteindre la Pleine Lune la semaine prochaine.

Fête de Mabon (sabbat mineur) et équinoxe d'automne

La fête païenne de Mabon, 6e fête païenne de l'année, se tient le 23 septembre et célèbre l'équinoxe d'automne.

Cet événement symbolise le moment de l'année où les jours sont d'égale longueur aux nuits. Mabon nous engage non seulement à célébrer les moissons, l'abondance et les richesses données par notre généreuse Dame Nature, mais nous prépare aussi au dépouillement à venir. C'est donc une invitation à fêter pleinement le passage à l'automne grâce à un rituel dédié..

VOTRE RITUEL : *Mandala végétal de Mabon*

En conscience et dans un état d'esprit serein, récoltez des éléments naturels symboles de l'automne : glands, pommes de pin, marrons ou châtaignes, coloquintes, feuilles d'arbres, mûres, pommes, raisins et, si possible, fleurs de tournesol (végétal totem de cette lunaison)... Ajoutez, si vous en avez, des pierres de lune blanches, grises, orangées, noires ou rosées.

Avec tous ces éléments, réalisez un mandala rond, de la forme de la Lune, en plaçant au centre une bougie que vous allumerez à la fin.

Un mandala est une représentation symbolique provenant du bouddhisme, de forme géométrique et symétrique, servant de support à la méditation.

SEPTEMBRE 2023

LUNDI
25
ST HERMANN

MARDI
26
ST CÔME, ST DAMIEN

MERCREDI
27
ST VINCENT DE PAUL

JEUDI
28
ST VENCESLAS

VENDREDI
29
ST MICHEL/GABRIEL

Pleine Lune

SAMEDI
30
ST JÉRÔME

DIMANCHE
1ER
OCT.
STE THÉRÈSE DE LISIEUX

La Lune cette semaine

La Pleine Lune en Bélier aura lieu le 29 septembre à 11 h 58. Elle nous place face aux conséquences des actions que l'on a engagées, mais elle soutient et promeut aussi nos objectifs personnels et notre indépendance.

Super Lune des Moissons

Les effets de la la Super Lune des Moissons se feront sentir du 26 septembre au 1er octobre.

Selon la Roue de médecine amérindienne, la sauge blanche est le végétal totem associé à la Direction sacrée de l'automne (Ouest). Cette plante sacrée extrêmement purifiante est particulièrement efficace pour chasser les énergies négatives. Utilisée comme une Médecine de la femme (voir ci-dessous), elle confère force et sagesse, et clarifie les objectifs.

VOTRE RITUEL : *nettoyage énergétique à la sauge blanche*

Vous êtes invité(e) à utiliser la sauge blanche en fumigation pour réaliser un nettoyage énergétique de votre personne, ce qui nettoiera votre corps physique et vos corps subtils tout en élevant leurs vibrations.

Après une courte méditation, allumez cérémonieusement votre bâton de sauge blanche, et passez-le (pas trop près, pour éviter les brûlures) autour de votre tête, puis sur le devant de votre corps, de haut en bas, sans oublier de passer sous les bras et sous les pieds. Terminez par l'arrière du corps, en allant des pieds vers la tête. Pendant tout le rituel, exprimez intérieurement votre gratitude à la médecine de la sauge blanche. *N'oubliez pas d'aérer à la fin pour faire partir les énergies nettoyées..*

Dans la tradition amérindienne, on considère que les femmes en période menstruelle sont très puissantes et ne doivent ni tenir, ni utiliser les objets sacrés. Elles peuvent réaliser des fumigations de sauge blanche, mais sans utiliser la plume traditionnelle pour répandre la fumée.

Calendrier lunaire du mois

LUN	25	2	9	16	23
MAR	26	3	10	17	24
MER	27	4	11	18	25
JEU	28	5	12	19	26
VEN	29	6	13	20	27
SAM	SEPT. 30	7	nouvelle lune 14	21	pleine lune 28
DIM	1	8	15	22	29

OCTOBRE 2023

30

31

MES NOTES

OCTOBRE 2023

LUNDI
2
ST LÉGER

MARDI
3
ST GÉRARD

MERCREDI
4
ST FRANÇOIS D'ASSISE

JEUDI
5
STE FLEUR

VENDREDI
6
ST BRUNO

SAMEDI
7
ST SERGE

DIMANCHE
8
STE PÉLAGIE

La Lune cette semaine

Cette semaine, la Lune est dans son dernier quartier, phase transitionnelle avant d'atteindre la Nouvelle Lune la semaine prochaine.

La pierre de lune, pierre féminine de libération des blocages

La pierre de lune est une variété de feldspath, de la famille des tectosilicates, provenant d'Inde et pouvant présenter différentes couleurs. Elle est en correspondance avec le chakra sacré, et permet donc d'apaiser les émotions et de libérer les blocages.

Fortement liée à la femme, la pierre de lune a une action positive sur le cycle menstruel, les douleurs menstruelles, le syndrome prémenstruel et l'accouchement. Elle est aussi bénéfique pour les personnes hypersensibles, en favorisant l'intuition et les perceptions extra-sensorielles. Elle accompagne harmonieusement les fins de cycles, les nouveaux départs et les voyages. Elle permet d'accéder à la sagesse, à la compassion, à la bienveillance, au calme intérieur et à la confiance en soi.

VOTRE RITUEL *avec la pierre de lune*

Pierre de féminité, activant les énergies Yin, purifiant tous les chakras, et supportant le contact de l'eau, vous pouvez en glisser une dans votre gel douche (sans savon) et l'y laisser jusqu'à ce que le flacon soit vide.

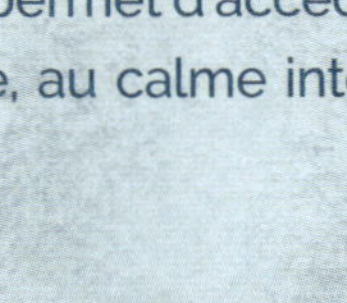

OCTOBRE 2023

LUNDI
9
ST DENIS

MARDI
10
ST GHISLAIN

MERCREDI
11
ST FIRMIN

JEUDI
12
ST WILFRIED

VENDREDI
13
ST GÉRAUD

SAMEDI
14
ST JUSTE

Nouvelle Lune

DIMANCHE
15
STE THÉRÈSE D'AVILA

La Lune cette semaine

La Nouvelle Lune en Balance aura lieu le 14 octobre à 19 h 55. Signe de sociabilité, elle est l'occasion de travailler sur l'harmonie de nos relations aux autres, et est propice à la paix, à la justice et à l'équilibre.

Nouvelle Lune des Chasseurs

Cette Nouvelle Lune est une circonstance idéale pour réaliser un carnet d'intentions : celui-ci vous aidera à une mise en place énergétique favorable à la matérialisation de vos projets.

VOTRE RITUEL : *Carnet d'intentions*

Pour ce rituel, procurez-vous un carnet dont vous allez faire votre « carnet d'intentions ».

Le jour de la Nouvelle Lune, installez-vous devant ce carnet, respirez profondément et lentement plusieurs fois, et laissez l'inspiration vous envahir.

Ensuite, notez ou dessinez dans votre carnet tous vos souhaits, vos envies, vos besoins, vos projets pour les quatre semaines à venir. Notez les choses comme elles vous arrivent, même si ces projets vous semblent insensés ou difficilement réalisables. Écrivez-les au présent de l'indicatif, par exemple : *« J'obtiens une promotion »* ou bien *« Je suis enceinte »*. Pendant que vous la couchez sur le papier, visualisez clairement la scène dans votre tête, comme si elle était en train de se produire.

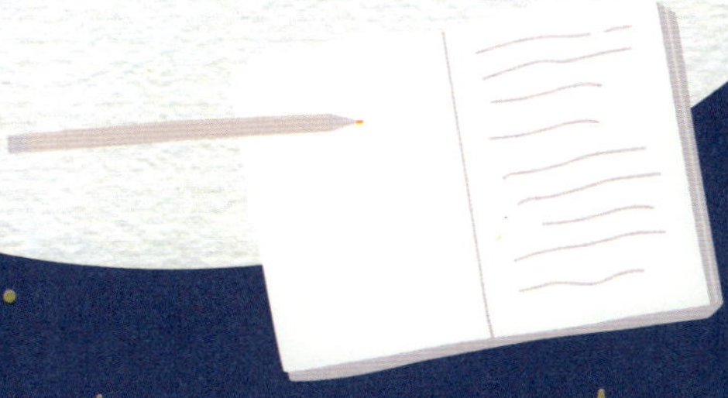

OCTOBRE 2023

LUNDI
16
STE EDWIGE

MARDI
17
ST BAUDOUIN

MERCREDI
18
ST LUC

JEUDI
19
ST RENÉ

VENDREDI
20
STE ADELINE

SAMEDI
21
STE CÉLINE

DIMANCHE
22
STE SALOMÉ/STE ÉLODIE

La Lune cette semaine

Cette semaine, la Lune est dans son premier quartier, phase transitionnelle avant d'atteindre la Pleine Lune la semaine prochaine.

L'argent, le métal de la Lune

Nous connaissons bien la correspondance entre la Lune et le féminin, et entre le Soleil et le masculin.

Mais il existe aussi des correspondances avec les métaux : la Lune et le féminin sont en rapport avec l'argent, tandis que le Soleil et le masculin sont liés à l'or. D'ailleurs, chez les Incas, on considérait que l'argent était les larmes de la Lune, et l'or la sueur du Soleil.

Porter de l'argent sur soi, à même la peau, peut amplifier les énergies féminines diffusées par la Lune.

VOTRE RITUEL *avec de l'argent, métal de la Lune*

Procurez-vous un bijou en argent, ou piochez dans votre collection. L'objet doit être en argent véritable. Portez-le à même la peau, après l'avoir dynamisé aux énergies lunaires en le laissant à la lumière de la Pleine Lune (de la semaine prochaine par exemple) toute la nuit.

OCTOBRE 2023

LUNDI
23
ST JEAN DE CAPISTRAN

MARDI
24
ST FLORENTIN

MERCREDI
25
ST CRÉPIN

JEUDI
26
ST DIMITRI

VENDREDI
27
STE ÉMELINE

SAMEDI
28
ST SIMON, ST JUDE

Pleine Lune

DIMANCHE
29
ST NARCISSE

La Lune cette semaine

La Pleine Lune en Taureau aura lieu le 28 octobre à 22 h 24. Elle nous aide à mettre fin à de vieilles habitudes négatives, voire toxiques. Nous encourageant à écouter notre intuition, nos ressentis, et à nous connecter à notre moi profond, cette Pleine Lune permet de nous recentrer sur nos priorités.

Pleine Lune des Chasseurs

Les effets de la Pleine Lune des Chasseurs se feront sentir du 25 octobre au 1er novembre.

Doublée d'une éclipse de Lune partielle le 28 octobre 2023, qui sera visible en Europe (dont la France, en soirée), cette Pleine Lune vous convie à vous reconnecter aux intentions que vous aviez notées dans votre carnet d'intentions lors de la Nouvelle Lune du 14 octobre dernier.

VOTRE RITUEL : *Lettre de gratitude*

Sur une feuille volante, inscrivez *« Je suis plein(e) de gratitude car... »* et réécrivez, au présent de l'indicatif, les souhaits et projets que vous aviez notés dans votre carnet *(semaine du 9 septembre 2023)* et qui se sont réalisés, avec les mêmes tournures de phrases.

Précisez si certains projets sont en cours de réalisation, par exemple : *« L'Univers est en train de réaliser mon projet de promotion, car j'ai rendez-vous avec mon supérieur »*. Ensuite, respirez profondément et lentement plusieurs fois, dites « Merci » à l'Univers et brûlez la feuille volante en la regardant se consumer jusqu'au bout.

Gardez le carnet pour réaliser le même rituel, si vous le souhaitez, lors de futures lunaisons.

Calendrier lunaire du mois

			nouvelle lune		pleine lune
LUN	30	6	13	20	27
MAR	OCT. 31	7	14	21	28
MER	1	8	15	22	29
JEU	2	9	16	23	30
VEN	3	10	17	24	DÉC. 1
SAM	4	11	18	25	2
DIM	5	12	19	26	3

NOVEMBRE 2023
MES NOTES

NOVEMBRE 2023

LUNDI
30
OCT.
STE BIENVENUE

MARDI
31
OCT.
ST QUENTIN

MERCREDI
1ER
TOUSSAINT

JEUDI
2
ST VICTORIN

VENDREDI
3
ST HUBERT

SAMEDI
4
ST CHARLES

DIMANCHE
5
STE SYLVIE

La Lune cette semaine

Cette semaine, la Lune est dans son dernier quartier, phase transitionnelle avant d'atteindre la Nouvelle Lune la semaine prochaine.

La lumière lunaire influence le sommeil

Dans une publication de la revue *Science Advances* de janvier 2021, L. Casiraghi et ses collègues ont démontré que dans les communautés indigènes d'Argentine, dépourvues d'électricité, la lumière dispensée par la Lune influence le sommeil : celui-ci est plus court et commence plus tard durant les nuits proches de la Pleine Lune, et lorsque le clair de lune est présent pendant les heures suivant le crépuscule.

Les auteurs en concluent, d'une part, que la lumière lunaire a probablement stimulé l'activité nocturne et inhibé le sommeil dans les communautés préindustrielles. D'autre part, la lumière artificielle semble simuler l'effet ancestral du clair de lune du début de nuit.

Ces résultats montrent qu'il est réeellemnt bénéfique de dormir dans l'obscurité totale, sans lumière lunaire ni lumière artificielle, afin de vous garantir une bonne nuit de sommeil réparateur. Fermez les portes et volets, et aérez bien votre chambre pour bénéficier du meilleur sommeil possible.

Avant de vous coucher, diffusez pendant 10 min de l'huile essentielle de lavande officinale ou de néroli bigarade dans un diffuseur-humidificateur. Mettez une lépidolite sous votre oreiller et une tourmaline noire sous votre lit.

Le 31 octobre, nous fêtons Samhain, plus connu aujourd'hui sous sa déclinaison contemporaine d'Halloween (voir semaine du 31 octobre 2022).

NOVEMBRE 2023

LUNDI 6	STE BERTILLE
MARDI 7	STE CARINE
MERCREDI 8	ST GEOFFROY
JEUDI 9	ST THÉODORE
VENDREDI 10	ST LÉON
SAMEDI 11	ST MARTIN
DIMANCHE 12	ST CHRISTIAN

La Lune cette semaine

Cette semaine, la Lune est dans son dernier quartier, phase transitionnelle avant d'atteindre la Nouvelle Lune la semaine prochaine.

La malachite, pierre de protection

La malachite est le minéral totem de la lunaison des Premières Gelées qui commencera lundi prochain.

C'est une pierre de couleur verte, présentant parfois des bandes vertes et noires. Reliée au chakra du cœur, et placée sur le cœur lors d'une méditation, elle nous ouvre à l'amour inconditionnel. Favorisant aussi le développement de nos capacités extra-sensorielles, elle nous connecte au monde des esprits et à l'au-delà, en nous aidant à interpréter nos rêves et à méditer. Ce cristal facilite les changements et nous permet de comprendre notre connexion, en constante évolution, avec les mondes invisibles. Apaisante et calmante, elle soulage le stress et la dépression, tout en étant une importante pierre de protection. Elle est réputée également protéger des effets des ondes électromagnétiques

VOTRE RITUEL : *Amulette de protection*

Réalisez, avec intention, une amulette avec une malachite et une pierre de lune (autre cristal puissamment lié à la femme) : associez-les dans un pendentif ou un petit sac en organza, que vous porterez sur vous en cas de besoin.

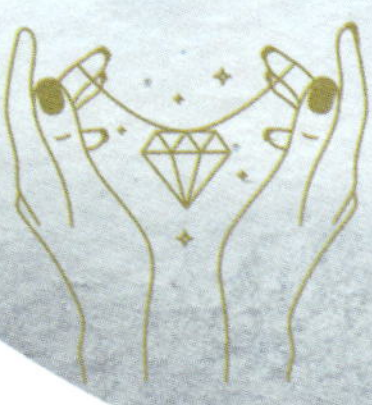

Associée à la féminité et consacrée aux déesses, elle était, dans l'Antiquité romaine, utilisée pour éloigner l'esprit du mal et prévenir des dangers.

NOVEMBRE 2023

LUNDI 13 — ST BRICE
Nouvelle Lune

MARDI 14 — ST SIDOINE

MERCREDI 15 — ST ALBERT

JEUDI 16 — STE MARGUERITE

VENDREDI 17 — STE ÉLISABETH

SAMEDI 18 — STE AUDE

DIMANCHE 19 — ST TANGUY

La Lune cette semaine

La Nouvelle Lune en Scorpion aura lieu le 13 novembre à 10 h 27. Ce signe symbolise la transformation mais aussi l'instinct : cette Nouvelle Lune nous donne de la force pour nous libérer du passé ou d'une relation toxique. Vous aurez besoin de réconfort : entourez-vous de personnes que vous aimez et en qui vous avez confiance.

Nouvelle Lune des Premières gelées

La Nouvelle Lune des Premières Gelées du 13 novembre nous invite à entrer en connexion avec l'esprit de Chouette, animal totem qui gouverne cette lunaison.

Chouette est la messagère de la sagesse ancienne et du monde des esprits. Sa médecine est très puissante et date des premiers temps du chamanisme sibérien. Guide spirituel, Chouette peut voir à travers le voile entre les mondes et nous enjoint à regarder profondément à l'intérieur de nous-même pour voir qui nous sommes vraiment.

VOTRE RITUEL *de demande à la Nouvelle Lune*

Visualisez une chouette. Faites appel à l'énergie de l'esprit de l'animal et à ses qualités : elle engendre la sagesse intérieure liée aux anciennes vérités. Puis, tout en tenant une malachite (minéral totem de cette lunaison) dans votre main ou en la posant sur votre corps à même la peau, représentez-vous mentalement vos intentions pour le mois lunaire à venir en les imaginant déjà réalisées.

NOVEMBRE 2023

LUNDI
20
ST EDMOND

MARDI
21
ST GÉLASE

MERCREDI
22
STE CÉCILE

JEUDI
23
ST CLÉMENT

VENDREDI
24
STE FLORA

SAMEDI
25
STE CATHERINE

DIMANCHE
26
STE DELPHINE

La Lune cette semaine

Cette semaine, la Lune est dans son premier quartier, phase transitionnelle avant d'atteindre la Pleine Lune la semaine prochaine.

Le bouillon-blanc

Le bouillon-blanc est le végétal totem de la lunaison des Premières Gelées qui s'achèvera la semaine prochaine.

C'est une plante très utile lors de la saison froide car elle aide à apaiser les affections respiratoires grâce à ses vertus anti-inflammatoires, adoucissantes et expectorantes. On la surnomme « cierge de Notre-Dame », car on transformait traditionnellement en flambeaux et en torches ses hampes florales dressées, coupées au-dessus des feuilles : une fois séchée, cette partie de la plante peut être enrobée de cire pour servir de mèche naturelle à de grands cierges. La tradition populaire les utilisait pour leurs vertus protectrices : parsemée de fleurs jaunes solaires, la hampe florale du bouillon-blanc faisait office de grande épée de lumière protectrice envers les esprits mauvais et les entités négatives.

VOTRE RITUEL : *Flambeaux de protection*

Les flambeaux de bouillon-blanc étaient brûlés lors des cérémonies et rituels de la saison sombre, en particulier lors de Samhain et Yule. Ils sont à utiliser en extérieur uniquement, en prévoyant une protection (gants) ou un bougeoir pour recueillir la cire qui coule au fur et à mesure que le cierge se consume.

NOVEMBRE 2023

LUNDI — ST SÉVERIN

27

Pleine Lune

MARDI — ST JACQUES DE LA MARCHE

28

MERCREDI — ST SATURNIN

29

JEUDI — ST ANDRÉ

30

VENDREDI — STE FLORENCE

1ER DÉC.

SAMEDI — STE VIVIANE

2 DÉC.

DIMANCHE — ST FRANÇOIS-XAVIER

3 DÉC.

La Lune cette semaine

La Pleine Lune en Gémeaux aura lieu le 27 novembre à 10 h 16. Elle sera un temps d'amour, de partage et de rassemblement. Elle sera assortie d'une éclipse totale de Lune qui ne sera pas visible en Europe, mais nous profiterons tout de même de ses énergies.

Pleine Lune des Premières gelées

Les effets de la Pleine Lune des Premières Gelées se feront sentir du 24 au 30 novembre. Elle sera l'une des Pleines Lunes les moins intenses d'un point de vue émotionnel. Réfléchissez aux choses à deux fois et posez-vous les bonnes questions sur vos motivations intérieures.

VOTRE RITUEL : *Gel douche de lumière céleste*

Ce gel douche aux huiles essentielles est destiné à amplifier votre sentiment de connexion avec la Lune.

Dans 100 ml de base lavante neutre (sans parfum), ajoutez 20 gouttes d'huile essentielle de géranium rosat, 30 gouttes d'huile essentielle de lavande officinale, 5 gouttes d'huile essentielle de patchouli et 10 gouttes d'essence de combava (facultatif). Mélangez bien.

Une fois sous la douche, utilisez ce gel douche et imaginez que l'eau qui coule est en réalité de la lumière blanche provenant de la Lune, et qu'elle vous nimbe d'une aura qui vous lave de toute chose négative tout en vous amenant l'énergie du cosmos.

Pensez ou dites à voix haute : « *Je remercie la Lune et l'élément Eau pour cette douche de lumière céleste qui me lave et me purifie.* »

Calendrier lunaire du mois

LUNDI	27	4	11	18	25
MARDI	28	5	12	19	26
MERCREDI	29	6	nouvelle lune 13	20	pleine lune 27
JEUDI	NOV. 30	7	14	21	28
VENDREDI	1	8	15	22	29
SAMEDI	2	9	16	23	30
DIMANCHE	3	10	17	24	31

DÉCEMBRE 2023
MES NOTES

DÉCEMBRE 2023

LUNDI
4
STE BARBARA

MARDI
5
ST GÉRALD

MERCREDI
6
ST NICOLAS

JEUDI
7
ST AMBROISE

VENDREDI
8
ST ELFRIED

SAMEDI
9
ST PIERRE FOURIER

DIMANCHE
10
ST ROMARIC

La Lune cette semaine

Cette semaine, la Lune est dans son dernier quartier, phase transitionnelle avant d'atteindre la Nouvelle Lune la semaine prochaine.

L'hématite, pierre de mémorisation

L'hématite est connectée aux chakras racine et sacré et nous soutient quand nous avons besoin d'amour, de force et de courage. Grâce à une grande teneur en fer, elle nous permet de travailler sur notre magnétisme personnel. Elle améliore le processus de réflexion mentale et la concentration.

Il s'agit d'une « pierre enregistreuse », c'est-à-dire qu'elle peut être programmée pour conserver une mémoire à travers les siècles. Elle détient la capacité de partager ces mémoires avec ceux qui savent comment accéder à sa sagesse. Ainsi, elle peut nous aider à apprendre des leçons du passé pour ne pas répéter les mêmes erreurs.

VOTRE RITUEL *avec l'hématite*

Pour bénéficier de ses propriétés, tenez-la entre vos mains lors d'une méditation d'ancrage et d'enracinement. Imaginez que la pierre résonne et communique avec le fer naturellement contenu dans le sol naturel de notre Terre, ce qui vous ancre plus profondément dans le monde visible. Imaginez des racines métalliques sortir de vos plantes de pied et s'enraciner au plus profond de notre planète.

DÉCEMBRE 2023

LUNDI ST DANIEL
11

MARDI ST CORENTIN
12

MERCREDI STE LUCIE
13
Nouvelle Lune

JEUDI STE ODILE
14

VENDREDI STE NINON
15

SAMEDI STE ALICE
16

DIMANCHE ST JUDICAËL/GAËL
17

La Lune cette semaine

La Nouvelle Lune en Capricorne aura lieu le 13 décembre à 0 h 32. Elle est l'occasion de préparer le renouveau en se fixant de nouveaux objectifs et en prenant de nouvelles résolutions pour l'année à venir. N'hésitez pas à les mettre par écrit, afin de commencer à les faire d'ores et déjà apparaître dans la matérialité.

Nouvelle Lune de la Neige silencieuse

Cette Nouvelle Lune nous invite à entrer en connexion avec l'esprit de Dauphin, animal totem qui gouverne cette lunaison.

Dauphin représente l'intelligence, la communication, la pureté, la générosité et le don. Il est le gardien des esprits qui voyagent à travers les autres mondes. Il nous enseigne que notre valeur se mesure non pas par rapport à ce que nous possédons, mais par rapport à ce que nous donnons.

VOTRE RITUEL *de demande à la Nouvelle Lune*

Réalisez un roll-on avec 9 ml d'huile de noyaux d'abricot, 10 gouttes d'huile essentielle de rose de Damas, 10 gouttes d'essence de citron jaune et 10 gouttes d'huile essentielle de bois de santal. Ces huiles essentielles sont liées à la phase «Nouvelle Lune» de chaque lunaison ; leur mélange est à la fois apaisant et tonifiant.

Visualisez un dauphin. Faites appel à l'énergie de l'esprit de l'animal et à ses qualités : la générosité et le don. Puis, tout en tenant une hématite (minéral totem de cette lunaison) dans votre main ou en la posant sur votre corps à même la peau, représentez-vous mentalement vos intentions pour le mois lunaire à venir en les imaginant déjà réalisées.

Pour clore le rituel, passez le roll-on à l'intérieur de vos poignets.

Cette Nouvelle Lune a lieu un lundi, tout comme la Pleine Lune de ce cycle (le 27 novembre). Cette lunaison est donc entièrement teintée de l'énergie du lundi, jour de la Lune (voir introduction).

DÉCEMBRE 2023

LUNDI
18
ST GATIEN

MARDI
19
ST URBAIN

MERCREDI
20
ST THÉOPHILE

JEUDI
21
ST PIERRE CANISIUS

VENDREDI
22
STE FRANÇOISE-XAVIÈRE

SAMEDI
23
ST ARMAND

DIMANCHE
24
STE ADÈLE

La Lune cette semaine

Le solstice d'hiver aura lieu ce vendredi 22 décembre à 4 h 27. Il s'agit du moment où la nuit est la plus longue de l'année.

Yule et le solstice d'hiver

Cette semaine, nous fêterons Yule, 8e et dernière fête païenne de l'année. Elle a lieu dans la nuit du solstice d'hiver, du 21 au 22 décembre, et marque l'entrée dans l'hiver. C'est l'une des premières célébrations de renouveau de la Roue de l'année, puisqu'à partir du solstice, les jours commenceront à rallonger, nous rappelant que le printemps se prépare. C'est aussi le temps de l'introspection et du repli sur soi : c'est grâce à l'hiver, aux journées courtes et froides, que la nature et nous-même renaîtrons au retour des beaux jours. C'est enfin une fête familiale qui invite à s'entourer de ses proches et à les gâter.

VOTRE RITUEL : *Fête de partage de Yule*

Décorez votre habitation avec les végétaux du moment : branches de sapin, de houx, boules de gui, bâtons de cannelle, pommes de pin, tranches d'agrumes séchés, agrémentés de rubans rouges et verts et de bougies blanches. Côté délices : jus de pomme épicé, carot cake, pain d'épices, muffins à l'orange, mousse choco-gingembre… Invitez votre famille et vos amis, afin de passer un merveilleux moment plein d'amour. N'oubliez pas d'exprimer votre gratitude pour avoir toutes ces belles personnes dans votre vie.

DÉCEMBRE 2023

LUNDI
25
ST EMMANUEL

MARDI
26
ST ÉTIENNE

MERCREDI
27
ST JEAN L'APÔTRE

Pleine Lune

JEUDI
28
STS INNOCENTS

VENDREDI
29
ST DAVID

SAMEDI
30
ST ROGER

DIMANCHE
31
ST SYLVESTRE

La Lune cette semaine

La Pleine Lune en Cancer aura lieu le 27 décembre à 1 h 33. Le Cancer est un signe sensible, très lié à ses racines, et nous reconnecte à notre féminité et à notre inconscient. Accentuant nos émotions, cette Pleine Lune nous invite à faire remonter à la surface celles qui sont profondément enfouies.

Pleine Lune de la Neige silencieuse

Les effets de la Pleine Lune de la Neige silencieuse se feront sentir du 24 au 30 décembre.

Pour cette dernière Pleine Lune de 2023, vous êtes invité(e) à célébrer l'année qui vient de s'écouler et lors de laquelle vous avez vécu tant de choses !

VOTRE RITUEL : *roll-on aux huiles essentielles*

Pour cela, mélangez à parts égales de l'huile essentielle d'ylang-ylang complète, sensuelle et permettant à l'esprit et au corps de s'abandonner, et de l'huile essentielle de nard de l'Himalaya, qui ouvre le passage entre les plans matériels et immatériels.

Déposez 1 goutte de ce mélange à l'intérieur de chaque poignet, puis frottez ces derniers l'un contre l'autre ; inspirez lentement et profondément les huiles essentielles qui imprègnent votre peau.

Sentez-vous plein(e) de gratitude pour toutes les belles choses et les belles personnes présentes dans votre vie, votre incarnation dans ce corps qui vous permet de vivre toutes ces expériences de vie, et pour tout ce que vous avez accompli au cours de cette année ! Félicitez-vous pour cela !

Comme la Nouvelle Lune du 13 décembre qui a ouvert ce cycle lunaire, cette Pleine Lune a lieu un lundi, jour de la Lune et bénéficiera de l'énergie de ce jour (voir introduction).

CALENDRIER ANNUEL SEPTEMBRE 2022- DÉCEMBRE 2023

SEPTEMBRE 2022

LUN	MAR	MER	JEU	VEN	SAM	DIM
			1	2	3	4
5	6	7	8	9	10	11
12	13	14	15	16	17	18
19	20	21	22	23	24	25
26	27	28	29	30		

OCTOBRE 2022

LUN	MAR	MER	JEU	VEN	SAM	DIM
					1	2
3	4	5	6	7	8	9
10	11	12	13	14	15	16
17	18	19	20	21	22	23
24	25	26	27	28	29	30
31						

NOVEMBRE 2022

LUN	MAR	MER	JEU	VEN	SAM	DIM
	1	2	3	4	5	6
7	8	9	10	11	12	13
14	15	16	17	18	19	20
21	22	23	24	25	26	27
28	29	30				

DÉCEMBRE 2022

LUN	MAR	MER	JEU	VEN	SAM	DIM
			1	2	3	4
5	6	7	8	9	10	11
12	13	14	15	16	17	18
19	20	21	22	23	24	25
26	27	28	29	30	31	

JANVIER 2023

LUN	MAR	MER	JEU	VEN	SAM	DIM
						1
2	3	4	5	6	7	8
9	10	11	12	13	14	15
16	17	18	19	20	21	22
23	24	25	26	27	28	29
30	31					

FÉVRIER 2023

LUN	MAR	MER	JEU	VEN	SAM	DIM
		1	2	3	4	5
6	7	8	9	10	11	12
13	14	15	16	17	18	19
20	21	22	23	24	25	26
27	28					

MARS 2023

LUN	MAR	MER	JEU	VEN	SAM	DIM
			1	2	3	4
5	6	7	8	9	10	11
12	13	14	15	16	17	18
19	20	21	22	23	24	25
26	27	28	29	30	31	

AVRIL 2023

LUN	MAR	MER	JEU	VEN	SAM	DIM
					1	2
3	4	5	6	7	8	9
10	11	12	13	14	15	16
17	18	19	20	21	22	23
24	25	26	27	28	29	30

MAI 2023

LUN	MAR	MER	JEU	VEN	SAM	DIM
1	2	3	4	5	6	7
8	9	10	11	12	13	14
15	16	17	18	19	20	21
22	23	24	25	26	27	28
29	30	31				

JUIN 2023

LUN	MAR	MER	JEU	VEN	SAM	DIM
			1	2	3	4
5	6	7	8	9	10	11
12	13	14	15	16	17	18
19	20	21	22	23	24	25
26	27	28	29	30		

JUILLET 2023

LUN	MAR	MER	JEU	VEN	SAM	DIM
					1	2
3	4	5	6	7	8	9
10	11	12	13	14	15	16
17	18	19	20	21	22	23
24	25	26	27	28	29	30
31						

AOÛT 2023

LUN	MAR	MER	JEU	VEN	SAM	DIM
	1	2	3	4	5	6
7	8	9	10	11	12	13
14	15	16	17	18	19	20
21	22	23	24	25	26	27
28	29	30	31			

SEPTEMBRE 2023

LUN	MAR	MER	JEU	VEN	SAM	DIM
				1	2	3
4	5	6	7	8	9	10
11	12	13	14	15	16	17
18	19	20	21	22	23	24
25	26	27	28	29	30	

OCTOBRE 2023

LUN	MAR	MER	JEU	VEN	SAM	DIM
						1
2	3	4	5	6	7	8
9	10	11	12	13	14	15
16	17	18	19	20	21	22
23	24	25	26	27	28	29
30	31					

NOVEMBRE 2023

LUN	MAR	MER	JEU	VEN	SAM	DIM
		1	2	3	4	5
6	7	8	9	10	11	12
13	14	15	16	17	18	19
20	21	22	23	24	25	26
27	28	29	30			

DÉCEMBRE 2023

LUN	MAR	MER	JEU	VEN	SAM	DIM
				1	2	3
4	5	6	7	8	9	10
11	12	13	14	15	16	17
18	19	20	21	22	23	24
25	26	27	28	29	30	31

NOTES PERSONNELLES

NOTES PERSONNELLES

NOTES PERSONNELLES

Direction de publication: Didier Ballot

Direction éditoriale : Marie Roussos

Direction d'ouvrage : Agnès Busière

Création éditoriale et graphique, réalisation :
agence éditoriale BlueMatcha

Suivi de fabrication : Typo'Libris

Photogravure : Nord Compo

Calendrier lunaire et zodiacal : L'Observatoire de Paris.

Photographie et illustrations : © Shutterstock.

Achevé d'imprimer en juillet 2022 par Typo'Libris en UE

ISBN : 978-2-383-55198-0

Dépôt légal : août 2022